Gerd Kloos/Jörn Kappenstein

KITESURFING NEW SCHOOL

Verlag Boarder vision

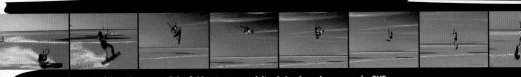

Sprung auf Höhe: Perfekter Absprung, präzise Schirmsteuerung, gleitende Landung. Auszug aus der DVD

INHALT KITESURFING NEW SCHOOL

Einsteiger

22 Welcher Kite kann was? Die Charakteristik von Hochleistern, Intermediates und Einsteigerkites

26 Erste Achter als Flugschule So lernt man seinen Kite und das Windfenster kennen

28 Start mit Helfer Launchtime: Wie man den Kite gefahrlos an den Himmel bringt

32 So checkt man die Helfer Welchem Launch-Assi darf man trauen?

34 Relaunch – der Wasserstart des Kites Wie der Schirm ohne Zicken aus dem Wasser startet

42 Bodydrag – Kitesurfen mit dem Körper Flüge durch die Powerzone: das erste feuchte Vergnügen

44 Wasserstart Endlich geht's los: Der Wasserstart und alle Knackpunkte beim schnellen Aufstieg

Aufsteiger

Spaß beim Cruisen

48 Haltung auf dem Brett Funktion und Eleganz beim Cruisen

50 Beachstart – Starten ohne nasse Hose Der kurze Klimmzug an der Bar

52 Höhe laufen – schneller zurück Der richtige Kanteneinsatz und die perfekte Schirmposition nach Luv

Richtiger Absprung: zuerst Kompression, dann schnelles Strecken

56 Überpower – Hintern runter Wenn der Wind zulegt, muss der Schwerpunkt tiefer gelegt werden

60 Unterpower – Zeit der scharfen Kurven Mit Sinus-Bewegungen mehr Fahrtwind produzieren

62 Switch stance – falsch rum fahren Mit dem Rücken zum Kite: Der Einstieg in die Trick-Kiste

66 Straßenbahnwende – zurück ohne Höhenverlust Der erste Wendemove

68 Halsen mit 180er vorher Umspringen vor der Kurve

70 Halsen mit 180er nachher Umspringen nach der Kurve

78 Chicken Jump ohne Kiteunterstützung Abheben auf einer kleinen Welle

80 Sprung in der Totalen Die wichtige Synchronisation von Schirmflug und Kitersprung

82 Absprung – der Moment höchster Spannung Jetzt entscheidet sich, wie hoch der Sprung wird

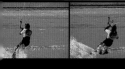

Der Film zum Buch: Alle Moves auch in der beiliegenden 60-Minuten-DVD mit Zeitlupen, Standbildern und Grafiken

Könner

64   Blind fahren – rückwärts mit dem Rücken zum Schirm Switch stance eine Nummer schärfer

72   Carving Jibe – in der Steilwand halsen Knapp überm Wasser in die Kurve

86   Jumpstart und Jumplandung Fliegend aufs Wasser und zurück an den Strand

88   Backloop – der Einstieg in die Rotationstricks Sauber übern Kopf gedrehter Rückwärtskreisel

90   Frontloop – frontal ins Abenteuer Kinn auf die Brust und ab nach unten

94   One foot – ein Fuß macht Urlaub Der kurze Ausflug eines Fußes ist der Einstieg in die Experten-Moves

96   Grabs – Anfassen erwünscht Der Griff zur Kante in mehreren Varianten

98   Board off – das Brett in der Hand Greifen, aus den Schlaufen, Genießen und zurück in die Schlaufen

100   Kiteloop in der Halse Der Einstieg in den Kite-Kreisel: Dampf ablassen in der Kurve

Handle pass Surface

102   Kiteloop im Sprung Rotation während des Fluges durch die Powerzone

104   Handle pass Surface – Handwechsel auf dem Wasser Die Vorbereitung des Airpasses

106   Airpass Front Mobius Der Handwechsel hinterm Rücken mit Rotation

Wissen

6   Faszination Kitesurfen Warum dieser Sport so ansteckend ist

16   An was erkennt man eine gute Kiteschule? Ausstattung, Lehrer-Qualifikation, Standort-Check

18   Könnensstufen Sechs Stufen von der Flugschule zum Kiteloop

20   Move-Familien So trainiert man systematisch

108   Wie sieht die ideale Kite-Palette aus? Der Einsatzbereich aller wichtigen Kites auf dem Markt

110   Das richtige Board für die verschiedenen Könnensstufen und Gewichtsklassen Vom Frühgleiter und Einsteigerboard bis zum Board-off-Spielzeug

114   Die zehn Gebote Safety: Fünf Dinge, die du machen musst und fünf Dinge, die du nie machen darfst.

116   Vorfahrtsregeln Wer weicht aus?

118   Sprachführer Von Ablandig bis Zenit

124   Impressum

Wasserstart in Zeitlupe mit Brett ausrichten, Schirm stellen, Kite nach unten fliegen und aufsteigen

Foto: Thomas Dorn

■ Die Prognosen waren schlecht: Zu schwierig, zu sperrig, zu gefährlich. Dem Kitesurfen gaben die Herren des Wassers die Lebenserwartung einer Gewitterwolke.
Inzwischen kiten die Schwarzseher selbst. Oder sie reiben sich die Augen: Kitesurfen ist der Trendsport des beginnenden Jahrzehnts geworden.
Die 29-jährige Berlinerin Susen Jarmuske beschreibt, was Kitesurfen so erfolgreich

macht: „Ich habe von hohen Sprüngen geträumt und wollte spüren, wenn dir der Atem stockt." Und selbst den Anfang, bei dem das Adrenalin noch nicht hoch dosiert ins Blut schießt, fand Susen spannend: „Von Anfang an hat man Spaß beim Steuern und Bodydraggen. Langweilig wird's nie."
„Geile Action", wie's die Fotografin Nicole Buceior ausdrückt, „bietet Kiten reichlich.

Der Schönste Sport der Welt

Kitesurfen ist kein Sport, sondern – ganz wörtlich – ein Geschenk des Himmels. Die Schirme stehen wie geheimnisvolle Kraft-Werke vor der Sonne. Energiekrise? Kites bewegen uns schon bei Brisen, ziehen uns bei Böen in die Luft und erfüllen viele Dutzend Mal am Tag den Traum vom Fliegen.

Ich mag aggressives Fahren und harte Einschläge. Da hole ich mir meinen Kick." Gleitschirm-Lehrer Bernhard Schinwald, 31, nennt es einfach Genuss, wenn man beim Fliegen abhebt. „Und diesen Genuss habe ich beim Kiten immer wieder von Neuem, wenn ich springe."

Kiten wäre ein Sport für Hormon-Junkies, wenn er nur hartes Rippen, explosives Springen und dröhnende Einschläge bieten würde. Kiten ist aber nicht nur Heavy Metal, sondern auch Soul: „Mich fasziniert diese Einfachheit des Gleitens und des Springens", schwärmt der Maschienbauingenieur Frank Dürschmied, 37. „Mit Erfahrungen im Windsurfen, Wakeboarden, Snow- oder Skateboarden kommt man schnell voran."

Ein sicherer Beweis dafür, dass Kiten auch Eleganz und Anmut sein kann, sind die

$\mathcal{W}$ ind-Energie – $\mathcal{P}$ ower, die nichts kostet

Frauen beim Kiten. Elke Meyer, 29, wird fast lyrisch, wenn sie von ihrem Sport spricht: „Mich fasziniert vor allem die Auseinandersetzung mit den Elementen Wind und Wasser, das Gleiten und das scheinbar schwerelose Fliegen."

Auch Männer haben dafür eine Antenne: „Kiten ist Natursport, das Erlebnis unter freiem Himmel. Und dazu noch ein Ganzkörpertraining", sagt Diplom-Ingenieur Stefan Keim.

Tatsächlich spielt in unserer körperverliebten Zeit auch der Fitness-Gedanke beim Kiten eine Rolle. Stefan: „Kiten trainiert die Muskulatur, die Koordination und die Psyche dazu."

Weil das Material so einfach zu transportieren ist, kann man an den schönsten und einsamsten Spots kiten

Hört sich an, als wäre Kitesurfen so etwas wie der Elitesport auf dem Wasser. Elite auch deshalb, weil nur die Besten durchkommen?

Viele Kitelehrer sagen: Kitesurfen ist leichter zu erlernen als Windsurfen. Wir kennen dafür Hunderte von lebenden Beweisen: Nach einer Woche Intensivkurs bei den KiteCitys des KITE Magazins stand jeder Anfänger auf dem Brett. Alle bejubelten den ersten Wasserstart wie ihre Führerscheinprüfung. Beim Windsurfen schafft der hartnäckige Kiter nach einer Woche bestenfalls den Beachstart – vom Gleiten kann er nur träumen.

Natürlich ist Kiten nicht so trocken wie Se-geln in der sicheren Nussschale – Kitesurfen nimmt die Bezeichnung Wassersport schon wörtlich: Bodydrag, Wasserstart oder das Springen sind wiederkehrende Versuche, aus dem Fisch einen Vogel zu machen.

Der Designgrafiker Willi Schitek, 54, rät deshalb auch zur Geduld: „Der Erfolg hat etwas auf sich warten lassen. Aber auf einmal funktioniert's. Und dann wird man für alles belohnt." Auch Sportwissenschaftlerin Elke warnt vor Ungeduld: „Das Durchhalten ist wichtig. Nicht alles am Kiten ist so einfach, wie's aussieht." Auch Frank beschwört die Einsteiger: „Hartnäckig bleiben. Dran bleiben. Irgendwann wird's so

Wenn die *Blätter rascheln, wird's* Zeit zum Kiten

selbstverständlich wie Rad fahren." Auch Nicole, die inzwischen schon Contest-Reife erlangt hat, rät aus ihrer Erfahrung: „Nicht den Mut verlieren und nicht aufgeben, wenn's mal nicht so klappt."

Ob's klappt, hängt davon ab, wie und wo man anfängt. „Niemals allein rumprobieren", weiß Stefan.

Denn Kiten verlangt mehr Wissen als Schwimmen, weil, so ein Scherzbold, an einem Schirm mehr bewegliche Teile dran sind als in einer Badehose. Legendär sind die Selbststartversuche russischer Touristen in Tarifa und Ägypten. „Absolut schmerzfrei", so ein Lehrer, „haben die in der Powerzone ihre Schirme gestartet; einmal Intensivstation und dann schnell an den Strand zurück zum nächsten Versuch."

Wenn Experten mit ermüdender Monotonie raten: „Geh in eine Kiteschule, mach einen Kurs", dann ist das keine – oder nicht nur – Geschäftstüchtigkeit. Sondern einfach ein Beitrag zur Kostensenkung im Gesundheitswesen: Kitesurfen ist zwar der sicherste Flugsport, aber unter besonderen Umständen ein risikosensibler Wassersport.

Für Kiter, die alles richtig machen, ist das Risiko so gering wie vom Fahrrad zu fallen. Denn inzwischen

• sind die Kites aerodynamisch viel besser und fallen wegen Strömungsabrissen kaum mehr vom Himmel

• haben nahezu alle modernen Schirme Schnellabwurf-Systeme, die den Kite in Sekundenschnelle entpowern

• gibt es in vielen Revieren Kiter-Zonen ohne Badegäste und andere Wassersportler.

Viele Kiter-Zonen hat die Natur selbst geschaffen: Dank der nur fünf Zentimeter langen Finnen können Kiter auch in knietiefen Lagunen fahren. Windsurfer würden in den Planschbecken mit ihren Finnen stecken bleiben – so sind die Kurzbrett-Artisten knapp überm Schlick allein. Nur die Landungen aus dem zweiten Stock fallen mitunter etwas härter aus...

Windsurfer der anspruchsvollen Art haben keine Lust auf Stehparties – unter zwölf Knoten (untere vier Windstärken) riggen sie nicht mal auf. Kiter dagegen glühen auf ihren Carbon-Kufen schon bei oberen drei Windstärken übers Wasser. Nicht dass sie schneller ins Rutschen kämen – sie sind einfach betuchter: 20 Qudratmeter große Schirme bringen einen 70-Kilo-Surfer auf einer 160 Zentimeter langen Frühgleitplanke lange vor der ersten Schaumkrone ins Gleiten. Kitesurfen bietet also auch in Revieren mit eher bürgerlichen Winden viel

Gleiten ohne Schaumkronen: Mehr Zeit an Board durch extreme Frühgleiter

mehr Time on Board. Fürs Geld also mehr und länger Spaß.

Wie teuer ist eigentlich das Kitesurfen? Erheblich teurer als ein Schwimmreifen, aber nicht kostenintensiver als Windsurfen: Neue Starterpakete mit Board und Kite gibt es für knapp unter 1000 Euro. Und im Goldenen Herbst, wenn mit den Blättern die Preise fallen, kann man schon mal zwei Auslauf-Kites zum Preis einer Neuerscheinung ergattern. Wer sich ein 150er Board und zwei Kites mit zwölf und sechzehn Quadratmetern auf dem Gebrauchtmarkt besorgt, muss einen angereicherten Tausender investieren. Damit kommt man dann sicher in den Himmel (wenn man's

kann). Abzuraten ist von Schirmen, die älter als zwei Jahre sind: Erstens werden Schirme früherer Bauart dann gebrechlich. Und zweitens sind sie konstruktiv völlig überholt. Kein Mensch kauft heute noch einen Käfer, es sei denn fürs Museum...

Moderne Kites sind – wie erwähnt – strömungstechnisch viel unempfindlicher geworden und fliegen dazu besser, schneller und höher. Und wegen des Fliegens wollen wir doch alle kiten. Kein anderer Sport macht das Fliegen so einfach. Es sei denn, man stürzt sich von einer Skischanze. Aber diese Flüge sind viel gefährlicher – und kürzer. Die Herren der Bakken fliegen etwa fünf Sekunden lang, die Profi-Kiter schaf-

Alex scheint zu sagen: Das kannst auch DU.

*S*pringen braucht keine *W*elle mehr

Windsurfen – keine Wellen als Rampe braucht. Springen, bisher ein Privileg der Pros, wird nun demokratisiert und enthawaiianisiert. Hookipa ist jetzt überall...

Natürlich macht Kiten aber auch vor Hawaii Spaß. Inzwischen rutschen Kiter riesige Wellenberge runter, während der Schirmda oben einfach wartet, bis er wieder gebraucht wird. Und er wird mitunter dringend gebraucht: Der „New-School"-Film zeigt, wie man eine Monsterwelle einfach überfliegt, wenn sie zu bedrohlich wird. Dabei, so ein alter Witz, muss man sich nicht bei den Fluglotsen anmelden...

Ja, nicht einmal bei der Charter-Fluggesellschaft, denn die nimmt Taschen unter 180 Zenitmeter Länge und bis zu zehn Kilo Gewicht kostenlos mit: Kitesurf-Stuff ist leichter zu transportieren als ein Kinderwagen. Immer wieder sieht man auch breit grinsende Cabriofahrer, die ihr Kitegepäck auf dem Rücksitz transportieren. Und selbst der Mini, unter Wassersportlern noch nicht so verbreitet, könnte eine neue Karriere als Kite-Carrier erleben.

fen bis zu 13 Sekunden lange Sprünge und haben noch Zeit, sich das Board von den Füßen zu reißen und kreiseln zu lassen. Kein anderer Sport erschließt die dritte Dimension so einfach: Ankanten, Schirm zurück, Ohren anlegen, Beine anziehen, Schirm vor, Fahrwerk ausfahren, landen.

Jeder Baggersee ist als Start- und Landepiste geeignet, weil man – anders als beim

NORTH KITEBOARDING
THE SEARCH IS OVER:
WE FOUND IT!
5th element
SAFETY
*PERFORM ALL MOVES WITH SAFETY LEASH
WATER START
*NO MORE SWIMMING
INCREASED PEFORMANCE
*DUE TO WIDER WIND RANGE
FOR MORE DETAILS CHECK WWW.NORTHKITES.COM
NORTH KITEBOARDING'S 5TH ELEMENT WILL COMPLETELY CHANGE THE WAY YOU KITEBOARD. WITH THE NEW 5TH ELEMENT, NORTH KITEBOARDING FURTHER ENHANCES SAFETY STANDARDS, PERFORMANCE AND WATER RELAUNCH AND INTRODUCES REVOLUTIONARY INNOVATIONS. RIDERS OF ALL LEVELS, FROM PROS TO NEWCOMERS, WILL ALL GAIN SUBSTANTIAL ADVANTAGES FROM THE NEW SYSTEM.

photo Bilderback

*S*O LERNST DU SCHNELL & SICHER

Eine gute Schule hat motivierte Lehrer, ein windsicheres Revier und ein Boot zur Schulung und Sicherung

■ Eine gute Kiteschule erkennt man an – guten Schülern. Und gute Schüler gibt's dann, wenn die Bedingungen gut sind. Was aber sind gute Bedingungen?

• **Lehrer:** Die Zugehörigkeit zu einem deutschen Schulverband bietet die Grundsicherheit, dass der Kite-Lehrer eine solide Ausbildung erhalten hat. Deshalb genießen Schulen mit dem berühmten V in der Fahne einen Vertrauensvorschuss. Aber: Es gibt gut ausgebildete und fleißige Lehrer; und Lehrer, die's wüssten, aber nicht wollen. Tipp: Wenn du im Urlaub Zeit hast, schau einfach mal ein paar Kursstunden lang nur zu, bevor du buchst.

• **Revier:** Im Stehrevier lernt man Kiten etwas schneller, weil man mehr Zeit mit Üben statt mit Schwimmen verbringt. In Stehrevieren wie Veluwemeer, Ijsselmeer oder anderen holländischen Tümpeln, am

dänischen Ringkøbing Fjord oder an der Ostsee (Orther Reede, Boddengewässer), in Ägypten oder am Kitebeach von El Yaque hat der Schüler ein größeres Sicherheitsgefühl mit festem Boden unter den Füsslingen (warmes Wasser in Ägypten oder El Yaque ist besonders angenehm). Aber auch am Gardasee, am Reschensee oder auf deutschen Binnenseen kann man Kiten inzwischen sehr schnell und gut lernen.

• **Ausstattung:** Auch im Stehbereich ist ein Boot an der Schule hilfreich. In tiefen Revieren ist es Pflicht. Lehrer schulen unterschiedlich. Manche schwören auf Megaphon, manche fahren mit Kite und Board von Schüler zu Schüler, manche stehen neben dem Schüler im Wasser (die beste Art, wenn der Lehrer nur zwei bis drei Schüler hat). Neoprenverleih (in kalten Revieren) und Helm mit Prallschutzweste sind notwendig.

Die ersten Stunden sind mit Zweileinern oft einfacher

Höhe laufen wörtlich. In Stehrevieren lernt man schneller kiten.

Motivierte Lehrer: Immer vor Ort, jederzeit ansprechbar und hilfsbereit.

KÖNNENSSTUFEN

Es gibt Kiter, die einen Loop vor der Halse lernen. Dagegen hat keiner was. Wie du aber systematisch lernen kannst, zeigt dieser „Lehrplan" mit Könnensstufen-Einteilung.

Könnensstufen	Du beherrschst schon sicher	Lernzeit in Stunden
6	Handlepass / Airpass	
	Sprünge mit Kiteloop	
	Loaded Jumps / Raley	etwa 200 Stunden
	Unhooked Moves	
	Transition & Varianten	
	Blind & Varianten	
	Board Offs	
5	One foot-Jumps	
	Sprünge aus Switch / Landung in Switch	
	Mehrfachrotationen	
	Transitionssprünge	etwa 100 Stunden
	Frontloop	
	Sprünge mit Grabs	
	Table Top	
4	Backloop	
	Inverted Jumps/ Stiffi	
	Carving Jibe	etwa 70 - 100 Stunden
	Halse mit 180° nachher	
	Carven	
	Springen mit Schirmunterstützung	
3	Überpower kontrollieren	
	Halse mit 180° vorher	
	Switch-fahren	
	Chop Hop	etwa 50 - 70 Stunden
	Höhe laufen	
	Kurvenfahren	
	Höhe halten	
2	Straßenbahnhalse	
	Kantendruck kontrollieren	etwa 20 - 50 Stunden
	Cruisen	
	Textilwende	
	Fahren/ Gleiten	
1	Wasserstart	8 - 10 Stunden
	Body Drag	6 Stunden
	Relaunch	4 Stunden
	Starten / Landen	2 Stunden
	Schirmsteuerung	1 Stunde

MOVE-FAMILIEN

Es macht keinen Sinn, eine Carving Jibe und gleichzeitig einen One Foot zu lernen: Wer schneller besser werden will, trainiert in den Move-Families. Sie enthalten einander ergänzende Bewegungen.

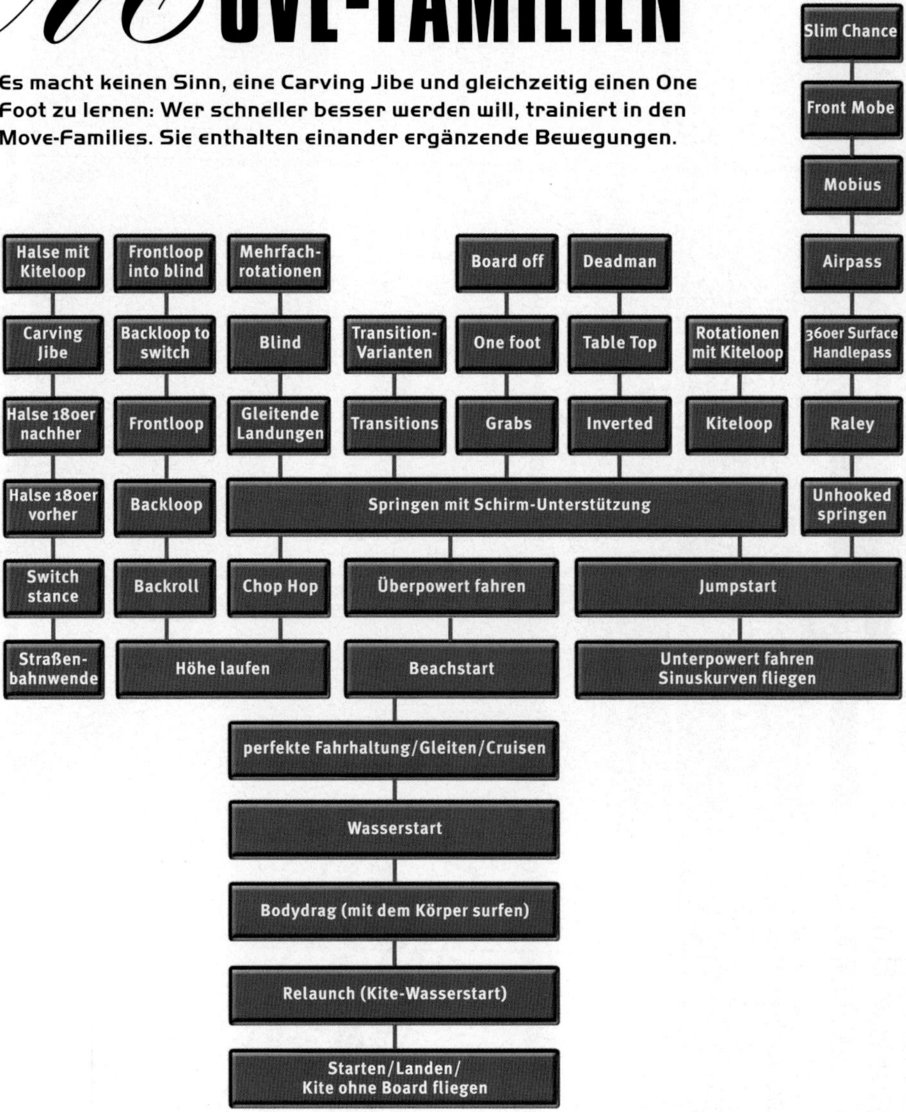

Slim Chance

Front Mobe

Mobius

Halse mit Kiteloop	Frontloop into blind	Mehrfach-rotationen		Board off	Deadman		Airpass
Carving Jibe	Backloop to switch	Blind	Transition-Varianten	One foot	Table Top	Rotationen mit Kiteloop	360er Surface Handlepass
Halse 180er nachher	Frontloop	Gleitende Landungen	Transitions	Grabs	Inverted	Kiteloop	Raley

Halse 180er vorher	Backloop	Springen mit Schirm-Unterstützung					Unhooked springen

Switch stance	Backroll	Chop Hop	Überpowert fahren		Jumpstart		

Straßen-bahnwende	Höhe laufen		Beachstart		Unterpowert fahren Sinuskurven fliegen		

perfekte Fahrhaltung/Gleiten/Cruisen

Wasserstart

Bodydrag (mit dem Körper surfen)

Relaunch (Kite-Wasserstart)

Starten/Landen/ Kite ohne Board fliegen

TALL-ORDER

Stall bedeutet in der Fliegersprache Strömungsabriss. Wenn die Luft nicht mehr am Flügel anliegt, stürzen Flieger und Schirm ab. Wie die Kite-Konstrukteure solche Stalls verhindern (wollen), erzählt der Designer und Physiker Armin Harich.

Simple und zugleich hoch komplizierte Frage: Warum fliegt ein Kite?
Harich: Ein Kite ist eine an Leinen fliegende Tragfläche. Wie bei einem Flugzeug erzeugt die Tragfläche des Kites Auftrieb. Der Auftrieb wächst quadratisch mit der Anströmgeschwindigkeit an. Sobald die Anströmgeschwindigkeit reicht, das Gewicht des Kites zu tragen, fängt er an zu fliegen. Durch die höhere Fluggeschwindigkeit in der Powerzone kann man ihn in der Powerzone zuerst fliegen lassen. Am Windfensterrand geht die Anströmgeschwindigkeit auf die Windgeschwindigkeit zurück.

Der Einsteiger hat in der Schule von Hochleistern, Intermediate, Anfängerschirm und Softkite gehört. Was können diese Kites besonders gut, und in welchen Disziplinen sind sie schlecht?
Harich: Das ist natürlich von Modell zu Modell unterschiedlich. Pauschal kann man sagen:

Hochleister/Hangtime Kites: Hier geht's um maximale Leistung. Sie fahren sehr gut gegen den Wind und erzeugen sehr lange Flugzeiten beim Springen. Deswegen werden sie auch oft auch Hangtime-Kites genannt. Sie haben alle ein sehr gutes Depowersystem. Sie erfordern aber oft ein gutes Gespür fürs richtige Gas-Geben, um sie nicht durch "Oversheeten", also zu starkes Anpowern, abzuwürgen. Viele ältere Hochleister stürzten zudem bei zu starkem Depowern aufgrund unzureichender Stabilität aus dem Zenit.
Hangtime: sehr hoch
Depower: hoch
Drehgeschwindigkeit: hoch
Schnelligkeit im Fliegen: sehr hoch
Steuerkräfte: unterschiedlich, je nach Konstruktion
Amwind-Eigenschaften: sehr gut
Relaunch: schwerer bis schlechter als Intermediates und Beginner-Kites
Stabilität gegen Abstürze des Kites: meist nur mäßig

Intermediate-Kites
erkennt man an der durchschnittlichen Streckung (Verhältnis von Spannweite zu Profiltiefe). Intermediates teilen sich in **Wakeboardstyle** und **klassische Intermediates.**
Intermediate Wakeboardstyle/New School: (Beispiel Nash V4):
Hangtime: gering-durchschnittlich
Depower: gering bis maßig
Drehgeschwindigkeit: sehr hoch
Steuerkräfte: hoch bis durchschnittlich
Schnelligkeit im Fliegen: durchschnittlich
Amwind-Eigenschaften: ausreichend bis durchschnittlich
Relaunch: durchschnittlich
Strömungs-Stabilität: gut.
Intermediate-Kites klassisch (Beispiel Naish Boxer):
Hangtime: durchschnittlich bis hoch.
Depower: gut.
Drehgeschwindigkeit: durchschnittlich bis hoch.
Steuerkräfte: durchschnittlich
Schnelligkeit im Fliegen: durchschnittlich
Amwind-Eigenschaften: durchschnittlich
Relaunch: durchschnittlich bis gut.
Stabilität: gut.
Einsteigerschirme:
Einsteigerschirme sind auf Anfänger zugeschnitten:
Hangtime: gering
Depower: Zweileiner haben kein Depower-System, sonst durchschnittlich
Drehgeschwindigkeit: durchschnittlich
Steuerkräfte: durchschnittlich
Schnelligkeit im Fliegen: gering.
Amwind-Eigenschaften: gering bis mäßig
Relaunch: sehr gut
Stabilität: sehr gut.
Softkites:
RAM-Air/Staudruck-Kites (es gibt zwei Kitesysteme am Markt) füllen sich selbständig mit Luft und müssen nicht aufgepumt wer-

Anstellwinkel korrekt

Wind

**Anstell-
winkel mit
Strömungs-
abriss**

Wie stark ein Schirm an den Wind angestellt werden
kann ähnlich dem Flügel eines startenden Flugzeugs,
hängt vom Profil, von der Pfeilung und von der Streckung
(Verhältnis von Länge und Breite) ab. Je gestreckter ein
Schirm ist (Hochleister), desto geringer darf der Anstellwinkel sein. Ein Kite verträgt – so der Designer Armich
Harich – etwa zwischen 5 und 15 Grad Anstellung. Bei 5
Grad ist er depowert, bei 15 Grad voll gepowert. Der linke
Kite ist richtig angestellt, der untere würde bei einer Anstellung von über 30 Grad nach hinten abschmieren und
hätte einen Backstall.

den. ARCs stehen wie ein Tubekite als Bogen am Himmel und sind als Vierleiner aufgehängt. Flysurfer (Bild links), die mit einer Leinenwaage eine flachere Form am Himmel erzeugen, kommen aber mit nur drei Flugleinen aus. Wie bei den Tubekites kann man die projizierte Streckung sehr gut als Einstufung für die Klasse heranziehen. Je gestreckter der Kite, desto anspruchsvoller ist tendenziell sein Verhalten. Das Flugverhalten von Tube und Softkites nähert sich gegenseitig an.Wenn man Kites mit Autos vergleichen würde, entsprächen Tubekites mehr den tiefergelegten Autos und Softkites mehr den komfort-orientierten Limousinen.

Was macht einen Schirm extrem drehfreudig?

Harich: Hier muß der Kite an den Tips, also an den Flügelspitzen auf Steuerbefehle mit starker Änderung des Widerstandes reagieren. Dann zieht der Kite auch sauber um die Kurve. Durch eine längere Bar (Lenkstange) kann man natürlich da auch immer noch nachhelfen. Meist lässt sich das Flugverhalten des Kites in gewissen Grenzen durch Umtrimmen zusätzlich verändern.

Was macht einen Schirm flugschnell?

Harich: Das Verhältnis von Auftrieb zu Widerstand ergibt die Fluggeschwindigkeit. Hier spielt ein leistungsstarkes Profil, hohe Streckung und natürlich ein sauber stehender Schirm eine wichtige Rolle.

Was gibt einem Schirm Hangtime?

Harich: Ein flugschneller und schnell drehender Schirm ist die beste Voraussetzung dafür. Lange Leinen helfen auch immer etwas nach.

Was macht einen Schirm zum Kreuz-Meister beim Höhe laufen?

Harich: Hier zählt ein gutes Verhältnis von Auftrieb zu Widerstand. Kites mit hoher Fluggeschwindigkeit gehen weiter ans Windfenster und sind deshalb besser an der Kreuz. Damit der Kite auch bei böigem Wind gut auf der Kreuz funktioniert, hilft ein effektives Depower-System und weicher Druckaufbau.

Was macht einen Schirm zum guten Relauncher?

Harich: Grundsätzlich sind Kites mit geringerer Streckung (Dickerchen) einfacher zu starten. Ein Kite, der wenig Eigengewicht hat, startet bei schwachem Wind natürlich auch früher als ein Schwergewicht. Vor allem, wenn er ein gutes Rückwärtsstartsystem hat (Anmerkung der Red: wie zum Beispiel Flysurfer, Cabrinha oder North). Inzwischen stehen die modernen Kites aber alle so stabil am Himmel, dass der Relaunch immer weniger notwendig ist.

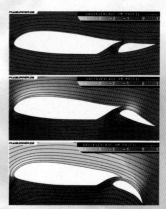

So sieht die Druckverteilung eines Kites (hier: Flysurfer) aus: oben voll depowert; Mitte: 50 Prozent depowert, unten: voll angepowert. Auf der Unterseite des Kites herrscht Überdruck (blau; ein Drittel des Auftriebs), oben Unterdruck (gelb; zwei Drittel des Auftriebs).

DAS GASPEDAL AM KITE

Mit den alten Zweileiner-Kites war der Kiter auf Gedeih und Verderben dem Wind ausgeliefert. Die Vierleiner-Kites haben ein „Pedal", mit dem man Gas geben oder weg nehmen kann.

Als die Kite-Designer ihre Drachen an vier Leinen hängten, war ein Teil ihrer Urkraft gebändigt. Denn mit den zwei vorderen Leinen kann man den Anstellwinkel des Schirms (siehe auch Seite 23) so verändern, dass er die Hälfte seiner Power verliert. Der Schirm hängt dann praktisch nur noch an den Frontleinen (zweites Bild unten). Das ist im Prinzip so ähnlich wie bei einer Fahne, die auch nur an der Vorderkante fixiert ist und so kraftlos im Wind steht. Beim Anpowern hängt der Kite an den hinteren Leinen und ist damit bis zu 15 Grad zum Wind angestellt. Allerdings darf man das Anpowern nicht übertreiben, sonst machen die Flügelenden vorne auf.

Volle Kraft voraus: Dieser Kite links ist voll angepowert und hängt an den hinteren, den Steuerleinen. Die vorderen Depower-Leinen sind weitgehend entspannt. Damit stellt sich der Kite so in den Wind, dass er maximale Leistung bringt. Allerdings streben die Tipps, die Enden vorne, auseinander. Das birgt – je nach Modell – die Gefahr, dass der Schirm wegen erhöhten Widerstands wieder Leistung einbüßt.

Stange weg – Kraft weg. Mit dieser Barstellung werden die hinteren, die Steuerleinen, entspannt, der Kite hängt fast nur noch an den vorderen Depower-Leinen. Ergebnis: Das Kite-Profil entwickelt nicht mehr viel Kraft. Nach Messungen des KITE Magazins kann man mit vollständigem Depowern bis zu 50 Prozent des Auftriebs reduzieren.

*A*CHTERBAHN

Kite-Surfen fängt mit S wie Spaß an: Das Fliegen mit einem Zwei-Quadratmeter-Kite ist die spielerische Vorbereitung fürs Wassertraining.

■ Ein echter Achtungserfolg, wenn du die ersten Achter fliegst: Mit dieser Flugfigur am Himmel spürst du die Kraftzonen am Himmel, lernst, die Steuerimpulse zu dosie-

ren und den Schirm im Zenit zu halten (wichtig beim Wasserstart). Dann erweiterst du die Flugzone bis knapp über die Erde und lernst das Starten und Landen des Schirms am Windfensterrand. Auch der kontrollierte Sturzflug des Kites in der Powerzone (Wasserstart-Simulation) und das einhändige Steuern (auch im Trapez) kann man mit dem kleinen Spielkite üben. Wichtig: Nur im Wasser mit viel Platz nach Lee üben.

Frank übt hier einen anspruchsvollen Move - den Handlepass mit Handwechsel an der Stange.

Kunstflugfiguren mit dem Spielkite: So beginnt der Spaß. Du fliegst Achten und spürst beim Passieren der Powerzone die Kraft, die der Zwerg am Himmel entwickelt. Dabei sollte ein starker Helfer am Trapezgriff hinten den Flugschüler zurück halten. Wenn die Achten sitzen, darfst du am Windfensterrand das kurze Berühren des Wassers üben.

I **Franks ganz legale Steuer-Tricks. Ausgang aller Übungen ist der Zenit.** Frank hält die Bar waagerecht, der Schirm steht auf 12 Uhr. 2 Er lenkt den Kite durch dosierte Lenkausschläge nach links, der linke Arm wird gebeugt wie am Fahrradlenker. 3 Jetzt geht's nach rechts, also wird der rechte gebeugt, der linke gestreckt. 4/5 Die Fehlerbilder rechts zeigen den häufigsten Missgriff der Anfänger: Sie ziehen nicht an der Bar, sondern bewegen die Stangenenden auf und nieder, als wären es Hantelstangen.

FLUGLOTSE

Wie beim Fliegen ist der Start oft hart: Wer keinen Softkite fliegt, der braucht einen Helfer für den Take off. Und dieser Fluglotse muss ausgebildet sein.

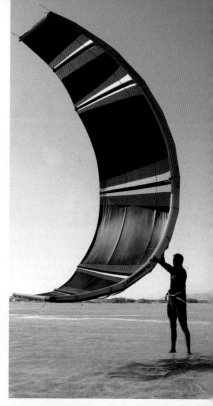

Die schlimmsten Fehler beim Start

■ Achtung Lebensgefahr: Wenn der Schirm aus der falschen Startbahn aufsteigt, kracht's oft Krankenschein-pflichtig. Aus Ignoranz und Dummheit starten viele Kiter den Schirm entweder zu tief in der Powerzone oder zu hoch am Wind.

Erster Fehler: Der Kiter erkundigt sich beim Starthelfer nicht ausreichend, ob *der* weiß, was *er* tun muss.

Zweiter Fehler: Der Pilot zeigt notfalls dem Helfer nicht, wie er den Schirm richtig halten und auf Zeichen los lassen soll.

Dritter Fehler: Der Pilot spricht mit dem Starthelfer die Zeichen nicht ab.

Vierter Fehler: Der Pilot achtet nicht darauf, was ihm das Profil des Schirms sagen will.

Der schlimmste aller Fehler: Er startet den Schirm bei auflandigem Wind an Land.

1 Der Kite befindet sich zu tief im Windfenster – er hat zuviel Power. Der Helfer wird vom Kite regelgerecht nach Luv gedrückt. Jetzt muss der Pilot nach Lee laufen, um den Druck aus dem Kite zu nehmen. Oder er muss den Helfer mit dem Kite nach Luv dirigieren (siehe Pfeile im Bild). **2** Der Kite flattert, weil er sich außerhalb des Windfensters befindet und die Luftströmung nicht anliegt. In diesem Fall muss der Pilot nach Luv laufen, oder er muss den Helfer mit Kite nach Lee dirigieren (siehe Pfeile im Bild). **3** Der Kite befindet sich in der idealen Startposition, ist optimal angeströmt und schwebt fast von allein. **4** Ready for Take off! Doch bevor du das Zeichen „Daumen hoch" für den Start gibst, überprüfe noch einmal deine Leinen auf Verdrehungen und ob sie wirklich richtig angeknüpft sind.

Wie kommt man sicher in den Himmel?

DEFINE YOUR

Huge lift &
power for
those
seeking
ultimate
upper-end
performance

sizes
6 - 8 - 10
12 - 14 - 16 - 18 - 20

Pop & grunt
with fast
handling for
competition
power moves
& new
school riding

sizes
6 - 8 - 10 - 12 - 14
16 - 18 - 20 - 25 - 30

WHAT'S YOUR STYLE?

Performance Characteristics

	X4	V4	Boxer
Rider Ability	BEGINNER PRO	BEGINNER PRO	BEGINNER PRO
Wind Range	LOW END HIGH END	LOW END HIGH END	LOW END HIGH END
Turning Speed	MODERATE FAST	MODERATE FAST	MODERATE FAST
Depower	NORMAL EXTENDED	NORMAL EXTENDED	NORMAL EXTENDED
Relaunch	BEGINNER SKILLED	BEGINNER SKILLED	BEGINNER SKILLED
Hang Time	FREERIDE BIG AIR	FREERIDE BIG AIR	FREERIDE BIG AIR

Style

	X4	V4	Boxer
Competition - Big Air			
Competition - New School - Freestyle			
Wave Riding			
Freeride & Jumping			
Recreational Cruising			

robby > x4 12.0 + naish 6'4" surfboard
photo > stephen whitesell
paula > photo > kim hack

HELFER AUSBILDEN

Starthelfer ohne Kite-Erfahrung sollte man vor dem Take off ausbilden.

■ Unbedarfte Badegäste sind keine Starthelfer. Denn sie wissen nichts übers Windfenster, die richtige Startposition und die richtigen Tragegriffe. Bevor sich ein Kiter einem Nicht-Kiter beim Start anvertraut, sollte er mit ihm einen Kurz-Kurs machen. Aber auch nach bestandenem Examen gilt eine hilfreiche Regel: Beim Start sollte der Kiter möglichst im Wasser stehen. Auf unseren Bildern war das wegen ablandigem Wind leider nicht möglich.

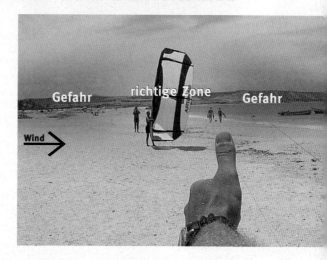

Gefahr   richtige Zone   Gefahr

Wind

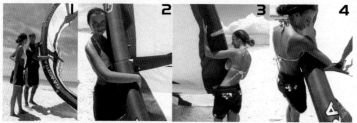

I + 2 Kitecity-Trainer Eddy zeigt Sonja den richtigen Griff : Mit der einen Hand stützt sie, mit der anderen greift sie um die Fronttube. **3 + 4** So hält man die Fronttube in Startposition. Bei großen, zugstarken Kites muss der Helfer die Fronttube richtig umklammern.

I + 2 Erst wenn der Pilot den Daumen nach oben streckt, darf der Helfer den Kite loslassen. **3 + 4** Sonja gibt den Kite nun frei. Sehr wichtig: Nie den Kite in die Luft werfen beim Start. Ist der Kite frei, tritt sie einen Schritt zurück.

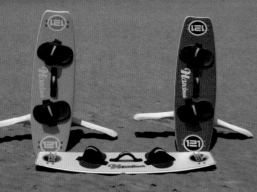

WASSERSTART FÜR DEN SCHIRM

Wenn der Kite baden geht, kommt Spannung auf – an den Leinen und beim Kiter: Der Vogel will nämlich beim Start überlistet werden. Wie der Take off funktioniert, zeigt Kite-Trainer Jörn Kappenstein.

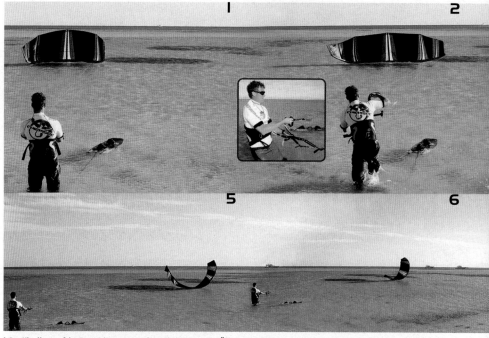

Der Kite liegt auf der Fronttube, genau auf Vorwindkurs mit der Öffnung zum Piloten, die Leinen sind gespannt und verlaufen über Kreuz. **2 + 3** Der Pilot greift mit einer Hand die Bar in der Mitte, fasst mit der anderen in die Centerleine (aus der die Depowerleinen abzweigen) und zieht kraftvoll zur Brust. Dabei erhöht sich die Leinenspannung. Ruckartig streckt er dann die Arme aus und löst die Leinenspannung auf. Gleichzeitig geht er einige Schritte auf den umfallenden Kite zu. Wichtig: Solange auf den Kite zugehen, bis er sich auf den Rücken gelegt hat. **4** Wenn der Kite auf den Rücken gekippt ist („U-Position"), brauchen die Leinen wieder Spannung, damit der Kite sich nicht überschlägt. Meistens wird sich der Kite nun in eine Richtung bewegen. Hindere ihn nicht daran, auch wenn du ihn lieber

■ Der Relaunch („Wieder-Start") im Wasser ist – oder besser war – die ganz große Dressur-Nummer beim Kiten: Ziehen wie ein Hornochse, Schwimmen wie ein Seelöwe und Fliegen wie ein Pelikan. Kites hassen – oder besser hassten – das Baden. Lakonischer Kommentar der Entwickler: „Don't drop it, lass ihn einfach nicht ins Wasser fallen." Danke.

Völlig vergessen sollten Ein- und Aufsteiger die sogenannten Hochleister – gestreckte Schirme, die mit der Fronttube förmlich auf dem Wasser kleben. Bei wenig Wind sind sie für einen Normalo-Kiter praktisch unstartbar. Für den Aufstieg nimmt der Kiter einen Intermediate-Kite, der mit der richtigen Technik ordentlich startet.

Immer mehr Firmen bringen jetzt Wasserstart-Systeme, die den Schirm durch einfaches Zupfen an den Leinen zum Takeoff bewegen (sollen). Das klappt meistens – und irgendwann wird jeder Schirm mit einer Startautomatik ausgerüstet sein.

Die richtige Relaunch-Technik übt der smarte Einsteiger zuerst einmal im Stehbereich. Vorteil: Der Launch-Lehrling kann dem Schirm beim Umkippen (von der Fronttube auf die Breitseite) entgegen gehen. Und treibt bei Misserfolgen nicht ab.

Neue Systeme haben eine eingebaute Start-Automatik

zur anderen Seite starten würdest. 5 Hier fängt der Pilot mit dosiertem Zug an der oberen Leine (hier: die linke Seite) den Wind ein und bringt den Kite zum Krabbeln. 6 Sobald sich der Kite auf die Seite legt und aus dem „U" ins „C" wechselt, zieht der Pilot an der unteren, wassernahen Leine („Downline"), damit der Kite weiter kontrolliert zum Windfensterrand krabbelt. 7 Der Pilot lässt den Kite nicht bis ganz an den Windfensterrand marschieren, sondern startet ihn bereits einige Meter früher in der Softzone. Dabei zieht er wieder dosiert an der oberen Leine und baut langsam Spannung auf. 8 Dann lenkt er den Kite gefühlvoll und dosiert treppenstufenartig nach oben bis in den Zenit. Beachte: Mach keine zu großen Lenkbewegungen in beide Richtungen, vor allem nicht Richtung Wasser.

Der Relaunch funktioniert nicht unter allen Windbedingungen gleich. Bei schwachem Wind muss man den Kite früher starten und energischer die Frontleinen ziehen.

Der Relaunch genau von oben gesehen

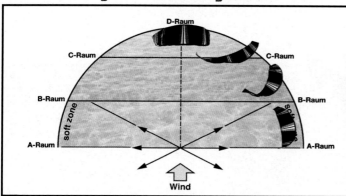

Dieses Modell hat die Perspektive genau von oben. Dargestellt ist hier der Relaunch des Schirms vom D-Raum bis zum B-Raum, in dem dann der Kite in den Zenit aufsteigt. Merke: Wenn der Kite im C- oder gar D-Raum aufsteigen würde (was er bei starkem Wind oft gerne machen würde), dann würde er den Piloten weit nach Lee ziehen, weil er vollen Schub entwickelt. Faustregel: Bei wenig Wind im D-Raum, bei viel Wind im A-Raum aufsteigen lassen.

Der Relaunch im Windfenstermodell

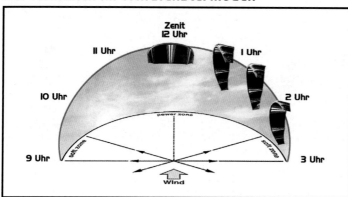

In dieser Grafik mit der Perspektive vom Fahrer aus ist ein Modell-Relaunch dargestellt. Weil die Grafik nur zweidimensional darstellen kann, steigt der Schirm am Windfensterrand auf. Bei wenig Wind ist es aber sinnvoll, den Schirm schon in der Softzone zu starten, weil der Druck am Windfensterrand für einen Wasser-Start nicht reichen würde.

FEHLER FINDER RELAUNCH

Fehler	Mögliche Ursachen und Folgen	Korrektur
Der Kite liegt auf der Fronttube und will nicht aufs Tuch umfallen	1. Zu wenig Wind 2. Schirm ist zu gestreckt (Hochleister) 3. Schirm liegt zu weit am Windfensterrand	1. Frontleinen ruckartig nach hinten ziehen und abrupt loslassen 2. Pilot legt sich aufs Brett und schwimmt zehn bis fünfzehn Meter sehr schnell auf den Kite zu
Der Kite krabbelt nicht zum Windfensterrand	1. Zu wenig Wind 2. Es herrscht starke Strömung nach Lee, der Schirm driftet ab 3. Der Lenkausschlag an der Bar reicht nicht	1. Gegen die Krabbelrichtung des Kites schwimmen, um dem Kite zu helfen 2. Mit dem oberen Ohr Wind einfangen, in dem man die obere Leine zieht.
Der Kite fällt beim Krabbeln wieder auf die Fronttube	Der Vortrieb ist zu groß, weil der Schirm zu hoch aufgestellt ist und zuviel Wind einfängt. So entsteht am Ohr, das im Wasser schleift, ein Drehmoment.	Die untere, die sogenannte Downline ziehen. So macht sich der Kite kleiner, kann weniger Wind einfangen und entwickelt deshalb auch weniger Vortrieb.
Der Kite kippt beim Krabbeln nach hinten auf die Hinterkante	Der Vortrieb ist zu gering, weil der Schirm nicht genug Fläche an den Wind bringt. Die Reibung an dem Ohr, das im Wasser schleift, ist zu hoch für den schwachen Vortrieb. Es entsteht ein Drehmoment nach hinten.	Die obere, die sogenannte Upline ziehen. So macht sich der Schirm größer, kann mehr Wind einfangen und entwickelt deshalb mehr Vortrieb.
Der Kite steigt am Windfensterrand nicht auf	1. Es gibt einfach zu wenig Wind für den Take off 2. Der Kite ist zu weit an den Windfensterrand gekrabbelt und hat dort nicht genug Anströmung	Früher, also nicht erst am Windfensterrand, sondern schon in der Softzone, die obere, die Upline ziehen, um den Kite zu starten
Der Kite fällt im Steigflug zurück aufs Wasser	Der Pilot hat den Kite zu schnell hochgerissen und damit einen Strömungsabriss, einen Backstall, verursacht	1. Dosiert aufsteigen lassen. 2. Beim Aufsteigen die Bar möglichst wegschieben und Schirm depowern, um ihn widerstandsärmer zu machen
Der Kite faltet sich zu einem großen W zusammen und ist nicht mehr zu steuern	1. Die Fronttube ist zu schwach aufgepumpt 2. Sie hat ein Loch und lässt Luft	1. Die Fronttube so stark aufpumpen, dass sie ein helles Dong macht, wenn man mit dem Finger dagegen schnalzt. 2. Kite mit einer Leine zu sich herziehen, Bar aufwickeln und einpacken

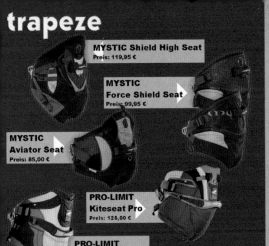

ZONEN FÜR SOFTIES UND MACHOS

Die Flugzone eines Kites ähnelt der Stadt New York: Es gibt sehr friedliche Gebiete, in denen es gesittet zugeht. Und es gibt Zonen, in denen die pure Kraft herrscht. Daran ist nicht der Wind schuld, sondern die unterschiedliche Anströmung des Kites.

So steht der Kite beim Höhe laufen perfekt

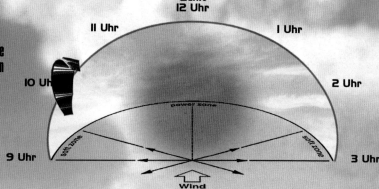

So muss der Kite beim Wasserstart in der Powerzone abstürzen

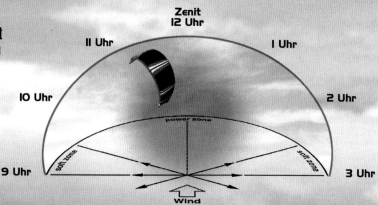

Das Windfenster ist die häufigste Vokabel beim Kiten – und die missverständlichste. Denn bei diesem Modell weht der Wind nicht durch eine Öffnung und verursacht auch keinen Durchzug. Das Windfenster ist einfach die Flugzone, die ein Drachen befliegen kann. Nach beiden Seiten und nach vorne ist die Zone einfach durch die Länge der Leinen begrenzt. Nach Luv, also vorne an der Scheibe, riegelt die Aerodynamik die Viertel-Kugel ab. Ein Kite kann (sollte aber nicht) über den Kopf des Piloten hinaus nach Luv (also dorthin, wo der Wind herkommt) fliegen. Nach wenigen Metern außerhalb unseres Windfensters aber

stürzt er ab, weil die Strömung abreißt.
Das Windfenster oder besser die Flugzone ist aber auch seitlich windabhängig. Denn bei schwachem Wind kann der Kite nicht so weit an den Windfensterrand fliegen – weil die Anströmung nicht ausreicht, um den Kite in der Luft zu halten.
Der Windfensterrand ist also die Zone mit dem wenigsten Druck im Schirm. Daneben liegt die Softzone mit gemäßigtem Druck. In der Mitte des Windfensters lauert die Powerzone, in der der Schirm die höchste (Quer-)Kraft entwickelt. Gottseidank fliegt der Schirm da sehr schnell durch, weil's ihm da auch zu ungemütlich ist.

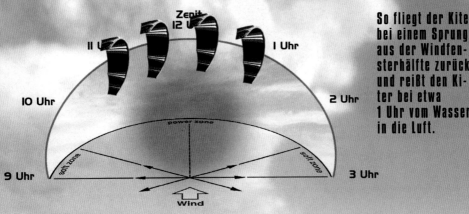

So fliegt der Kite bei einem Sprung aus der Windfensterhälfte zurück und reißt den Kiter bei etwa 1 Uhr vom Wasser in die Luft.

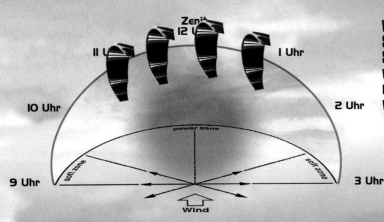

Während des Sprungs wird der Schirm schon wieder in Fahrtrichtung nach vorne geflogen.

FLIEGENDER FISCH

Ein völlig neues Erlebnis: Der Bodydrag ist Gleiten auf dem Bauch.
Im Schlepptau des Kites lernt der Einsteiger neben dem richtigen
Lenken auch die Kraft kennen, die ein Kite entwickelt.

Hier ist Steuern sparen nicht sinnvoll: Jörn lenkt den Schirm kräftig nach links und rechts, um den Kite möglichst oft und schnell durch die Powerzone zu jagen

■ Naturvölker haben ihre Einführungsriten, Naturburschen ihren Bodydrag. Das Ziehen lassen hinterm Kite ist das erste wirklich große Erfolgserlebnis beim Kiten. Du spürst erst jetzt richtig, wieviel Power der Schirm über dir hat. Dabei kannst du die Zugnummer richtig genießen, weil du den Schirm ohne Gefahr durch die Powerzone rauschen lassen darfst. Wie ein fliegender Fisch hüpfst du immer wieder aus dem Wasser. Du lässt deinen Kite in liegenden Achten je nach Windstärke, Mut und Kitegröße im tiefen Windfenster fliegen oder dirigierst ihn um den Zenit herum. Dabei hast du dich entweder ins Trapez eingehakt und kannst durch Bar-Ranziehen oder -Wegdrücken gleichzeitig das An- und Depowern lernen. Oder du fliegst den Kite aus den Armen heraus.

Alles unter Kontrolle: Der Kite zieht dich beim Body Drag in der Bauchlage durchs Wasser. Wichtig: Beine sind lang nach hinten gestreckt. Um die Fahrt zu beenden, musst du den Kite gefühlvoll in den Zenit steuern. Wenn der Kite Richtung Powerzone gelenkt wird, zieht er dich stark nach vorne, dabei hebt es dich leicht aus dem Wasser. Wichtig: Früh genug den Kite zurücklenken.

BLIND DATE

Mit Boardleash kommt das Brett zum Kiter (oft zu schnell). Ohne Leash muss der Kiter zum Board – mit dem Bodydrag gegen den Wind zum Blind Date.

■ Der Bodydrag ist auch ein oft gesehener Profi-Move: Denn jeder Kiter, der auf die Boardleash verzichtet, muss nach einem Sturz zu seinem Brett in Luv draggen. Anders als der Bodydrag nach Lee (links) muss der Kiter hier aufkreuzen und Höhe machen. Deshalb streckt er den Arm aus, um die Abdrift zu verringern. Er fliegt den Kite einhändig, meist depowert. Im Zick Zack geht's auf der Kreuz zum Board hoch.

oben: Stefan zeigt oben, wie man bei schwächelndem Wind das Board als Abdrifthemmer einsetzt und so mit dem letzten Windhauch heim kommt
links: 1 So draggt Stefan nach Luv: Arm raus, Beine lang 2 Bei der Wende den Schirm schnell vorfliegen, sonst verliert man Höhe.

1 Unerfreulich: Die Rückenlage beim Body Drag kann sehr unangenehm werden. 2 Beine überkreuzen und zusätzlich mit dem Kopf die Drehung um die Körperlängsachse einleiten. 3 Der Oberkörper folgt dem Kopf, und schon befindet man sich wieder in der stabilen Bauchlage.

AUS SCHWIMMER WIRD KITER

Der Wassserstart ist der entscheidende Karriere-Sprung eines Kiters. Damit der schwerelose Aufstieg aufs Brett ohne langes Planschen klappt, gibt es vier zentrale Tipps für den Lift.

■ Der Wasserstart ist wie das DLRG-See-pferdchen-Abzeichen beim Schwimmen: Du wirst ins kalte Wasser geworfen, musst dich ordnen und positionieren.

Beim Kiten heißt das: Brett an die Füße bringen, Kite kontrollieren und aufsteigen. Um sicher und erfolgreich auf das Board zu kommen, ist vor allem eine ruhige und kontrollierte Ausgangsposition wichtig. **Der erste Tipp** in der ersten Phase des Wasserstarts:

Du behältst oftmals eine bessere Kontrolle über Schirm und Brett, wenn du den Kite ein wenig rechts oder links neben dem Zenit in Stellung bringst. Die Erfahrung zeigt, dass vor allem bei böigerem Wind der Kite dort sehr viel ruhiger steht und wesentlich besser zu kontrollieren ist. Ein Schirm, der ständig rumzappelt, lässt dir nämlich keine Zeit, mit den Füßen in die Schlaufen zu kommen. Gerade am Anfang, wenn alles noch ein wenig

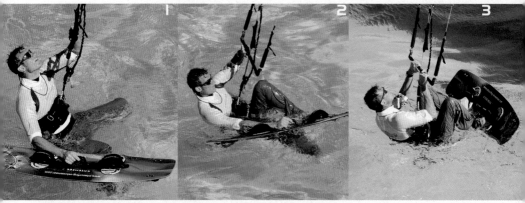

I Jörn hat das Brett mit der Hand am Griff längsseits neben sich liegen und kontrolliert den Schirm ebenfalls mit einer Hand. Er ist fest im Depowerloop eingehakt. In dieser Position treibt er kontrolliert mit dem Wind, ohne dass er Gefahr läuft, bei einer Böe über das Board gezogen zu werden. ☑ Steht der Kite ruhig im Zenit, oftmals besser auch ein wenig rechts oder links daneben, kantet er das Brett durch ein wenig Druck des Unterarms aufs Oberdeck auf und schiebt es leicht vor sich, um so mühelos mit dem ersten Fuß in die Schlaufe zu kommen. Dann lässt er den Griff los, steckt den zweiten Fuß in die andere Schlaufe und hält das Board dabei quer vor sich. ☑ Jetzt hat er die ideale Ausgangsposition für den Start eingenommen: Windrichtung, Körperlängsachse und Zugrichtung des Kites liegen exakt auf einer Linie. Das Board steckt quer dazu an den Füßen, und der Po ist so nah wie möglich ans Brett gebracht. Das Brett ist leicht länger dauert, als wenn die Bewegung schon automatisiert ist und die Füße über eine Einschlüpf-Automatik verfügen.

Sobald deine Füße mit dem Brett verankert sind, solltest du den Kite im Zenit haben, um kurz in folgender Ausgangsposition zu bleiben: Windrichtung, Körperlängsachse und Kite sind genau auf einer Linie. Das Brett befindet sich quer zu dieser Linie und somit auch quer zur Zugrichtung des Schirms.

Je besser du diese Ausgangsposition im Griff hast, um so erfolgreicher wird dein Startversuch sein. Allerdings solltest du trotzdem diesen Moment so kurz wie möglich (und nur so lang wie nötig) gestalten, um dem Risiko zu entgehen, doch noch am Board vorbei gezogen zu werden und wieder von vorne beginnen zu müssen.

Zweiter Tipp: Der Schüler liegt im Wasser und hat die Füße in den Schlaufen, der Schirm steht im Zenit. Um sicher zu sein, dass das System stabil ist und der Schüler sich nicht verlenkt, legt der Schüler die Ellbogen auf die angewinkelten Knie.

Dritter wichtiger Tipp: Bevor du den Kite in der Powerzone runterlenkst, fliegst du ihn kurz in die andere Richtung. Damit kannst

WAS DU SCHON KANNST

Du beherrschst deinen Kite sowohl an Land wie auch im Wasser sehr sicher, den Body-Drag in allen Varianten hast du intensiv geübt. Auch der Relaunch ist kein Zufallsprodukt mehr. Sicherheitsübungen hast du ebenfalls absolviert und weißt, wie man sich aus der Rückenlage nach einem Sturz befreit.

WAS DU LERNST

Du lernst Schirm und Board gleichzeitig zu kontrollieren. Beim Absturz des Kites in die Powerzone wirst du lernen, ein Gefühl dafür zu entwickeln, an welchem Punkt bei welchem Wind du über genug Power zum Starten verfügst, und wann der richtige Zeitpunkt zum Gegenlenken gekommen ist.

WAS DU WISSEN MUSST

Am Anfang tust du dir wesentlich leichter mit einem 42 bis 45 Zentimeter breiten und kippstabilen Board ab etwa 165 Zentimeter Länge oder größer. Der Kite sollte nicht zu klein (zappelig!) und sehr gutmütig sein. Konstante vier Windstärken sind ideal. Der beste Spot zum Üben ist ein Stehrevier. Beim Benutzen einer Fußleash empfehlen wir das Tragen von Helm und Prallschutzweste zur Verletzungsprophylaxe.

aufgekantet. **4** Nach einer kurzen Ausholbewegung in der gegenüberliegenden Windfensterhälfte lässt Jörn den Schirm beherzt und konsequent in Richtung Powerzone abstürzen. **5** Sobald der Lift einsetzt, zieht der Kite Jörn hoch in Richtung Brett. Den Lift kannst du durch aktives Aufstehen noch unterstützen. Nicht vergessen: Zurücklenken, wenn der Zug einsetzt. **6** Kurz bevor Jörn genau über dem Board steht, streckt er seine Beine wieder. Durch Strecken vor allem des vorderen Beines und einer kurzen gleichzeitigen Belastung des vorderen Fußes bringt er das Brett auf einen Raumschotkurs und fährt dem Kite erst einmal kurz hinterher. Sobald er Geschwindigkeit aufgenommen hat und eine stabile Fahrposition inne hat, verteilt er das Gewicht wieder auf beide Beine gleichmäßig. Je stärker der Zug des Kites ist, desto früher muss er die Beine wieder strecken, um sich gegen die Zugkraft des Kites zu lehnen.

Vier Tipps für den erfolgreichen Eintritt in die Kite-Karriere

noch einmal deine Lage zum Wind korrigieren und zweitens etwas Schwung holen. Wie weit diese Ausholbewegung in die andere Windfensterhälfte ausfällt, bevor du den Kite Richtung Powerzone fliegst, hängt vom Wind ab: Bei Schwachwind muss die Ausholbewegung natürlich größer ausfallen, um einen längeren Beschleunigungsweg zu haben. Bei Starkwind kann die Ausholbewegung teilweise komplett entfallen.

Wo du den Kite zum Powern runter lenkst (Lehrer-Deutsch: „kontrolliert abstürzen lässt"), ist ebenfalls windabhängig. Ist der Wind schwach, muss der Kite tiefer in der Powerzone abtauchen. Weht der Wind stark, kommst du schon aufs Brett, wenn du den Kite nur in der Nähe des Windfensterrandes runter lenkst.

Die Situation ist vergleichbar mit dem Anfahren im Auto: Am Berg gibst du mehr Gas als in der Ebene.

Merke dazu: Hole dir immer nur gerade so viel Power wie nötig, um wirklich kontrolliert starten zu können. Überschuss ist schlecht.

Vierter Tipp: Wenn du mit dem Po so nah wie möglich am Board bist und aktiv über deine Oberschenkelmuskulatur aufstehst, sobald der Zug des Kites einsetzt, benötigst du auch nur verhältnismäßig wenig Power. Je weiter der Po vom Brett entfernt ist, desto mehr Kraft muss der Kite entwickeln, um dich aufs Brett zu ziehen. **Fünfter Tipp:** Der Lift hat geklappt, du stehst über dem Brett. Damit du nun nicht übers Board gezogen wirst, musst du sofort das vordere Bein strecken, damit das Brett zuerst einmal auf einen raumen Kurs kommt. Mit anderen Worten: Du gibst dem Kite zuerst einmal etwas nach und fährst ihm hinterher. Sobald du die Geschwindigkeit aufgenommen und eine stabile Fahrposition hast, verteilst du das Gewicht wieder auf beide Beine gleichmäßig. Je stärker der Zug des Kites ist, desto früher musst du die Beine wieder strecken, um dich gegen die Zugkraft des Kites zu lehnen.

WASSERSTART MIT LEACH

I Jörn kontrolliert mit einer Hand den Kite im Zenit. Blind fasst er mit der anderen Hand zum Fussgelenk, greift die Leash und zieht das Board zu sich heran. 2 Nur ein kurzer Blick zum Board und ein schneller Griff zur Handle. Wichtig: den Schirm nie zu lange aus den Augen lassen. 3 Das Board nimmt er sofort längsseits für den Fall, dass ihn eine Böe oder ein unbewußter Lenkfehler unkontrolliert nach Lee zieht. So kann er nicht übers Board gezogen werden und bräuchte im Ernstfall den Startvorgang nicht abbrechen. 4 Einen weiterern Vorteil dieser Position macht sich Jörn zunutze, indem er durch ein wenig Druck des aufliegenden Unterarms das Board aufkantet, bevor er es leicht vor sich schiebt, um mit dem ersten Fuß mühelos in die Schlaufe zu schlüpfen. 5 Um den zweiten Fuß einzuschlaufen, wechselt Jörn die Griffposition von Handle zur hinteren Boardkante. Möglich wäre auch, komplett loszulassen, das Brett mit

dem ersten Fuß näher quer heranzuziehen und mit dem zweiten Fuß vorsichtig in die Schlaufe kriechen. 6 Optimale Ausgangsposition erreicht: Brett liegt leicht aufgekantet quer zur Zugrichtung des Kites. 7 Nun legt er die Unterarme auf die Knie auf. Damit treibt er erstens mit der Brettposition zum Wind und zweitens bringt er den Po nah an das Board heran. 8 Der kurzen Ausholbewegung folgt der couragierte Absturz des Kites Richtung Powerzone. 9 Sobald der Kite Zug entwickelt, steigt Jörn über das vordere Bein auf um die Boardspitze in Richtung Kite auf einen Raumwindkurs zu schieben. IO Durch das Strecken der Beine steht er dann schnell auf dem Brett und kann die ersten Meter Gleitfahrt genießen. Nicht vergessen: Über die hintere Hand, hier die rechte, lenkt er den Kite wieder rechtzeitig nach oben.

FEHLER FINDER

Fehler	Ursachen und Folgen	Korrektur
Der Kite zappelt im Zenit und bleibt nicht im Windfenster	1. Der Pilot hat den Kite versteuert. 2. Der Wind ist extrem böig. 3. Der Kite ist sehr nervös (kleine Kites sind nervöser als große)	1. Den Schirm besser beobachten – der Blick geht zum Kite, nicht zum Board 2. Den Kite links oder rechts neben den Zenit stellen, dort steht er ruhiger. 3. Einsteiger-freundlicheren Kite nehmen
Der Schirm zieht den Kiter am Brett vorbei	1. Der Fahrer hat den Schirm versteuert. 2. Das Board lag nicht genau quer zur Zugrichtung (Kraft muss genau von hinten durch den Kiter durchgehen)	1. Der Fahrer muss den Kite besser beob-achten. 2. Er greift mit der Hand mehr in der Mitte der Bar (bei falscher Lenkbewe-gung weniger Kite-Ausschlag) 3. Das Board immer quer zur Zugrichtung halten. Trick: Die Ellenbogen auf die angewinkelten Knie stellen
Der Fahrer schafft es nicht aufs Brett	1. Der Schirm entwickelt aus verschiedenen Gründen zu wenig Power: • Er ist zu klein, • die Flugbahn des nach unten fliegenden Kites ist falsch; 2. Der Po ist zu weit vom Brett entfernt	1. Größerer oder zugkräftigerer Kite 2. Den Kite tiefer in der Powerzone runterfliegen – nicht in der Softzone 2. Po näher ans Brett bringen. 3. Beine nicht zu früh strecken
Bananenschalen-effekt: Das Brett flutscht unter dem startenden Kiter nach vorne weg	1. Auf dem hinterem Fuß ist zuviel Gewicht 2. Das Brett liegt nicht quer zur Zugrich-tung des Kites 3. Der Körperschwerpunkt nicht überm Brett	1. Mehr übers vordere Bein aufsteigen 2. Gewichtsbelastung gleichmäßiger verteilen 3. Brett immer quer zur Zugrichtung halten 4. Das Brett mehr kanten
Adler nach Lee: Der Kiter fliegt übers Brett	1. Der Schirm hat zuviel Power entwickelt – er war entweder zu groß, oder er stürzte zu tief in der Powerzone ab 2. Der Körper-schwerpunkt war zu hoch 3. Das Brett lag zu plan (nicht aufgekantet)	1. Nur soviel Power abholen, wie wirklich notwendig ist: den Schirm bei viel Wind mehr in der Softzone runterfliegen 2. Tiefer in der Hocke bleiben 3. Das Brett mehr an-kanten
Das Brett schlid-dert mit dem Fahrer quer zur Fahrtrichtung	1. Zu wenig Kantenbelastung 2. Schwer-punkt des Kiters sollte mehr in Luv und weniger über dem Brett stehen	1. Mehr über den vorderen Fuß aufsteigen 2. Brett mehr auf Raumwindkurs bringen, hinter dem Kite herfahren, das heißt: vor-deres Bein strecken 3. Brett stärker ankan-ten

GUTE REISE

Der Spaß beim Kiten fängt nicht erst mit dem Springen an. Cruisen, das entspannte Fahren mit vollkommener Brett- und Schirmkontrolle, wäre allein schon ein guter Grund, das Kiten zu lernen.

Die perfekte Körperhaltung: Der Körper zeigt in Zugrichtung, die Arme sind leicht angewinkelt in Brusthöhe, die Hüfte ist leicht nach vorne geschoben, das vorderes Bein ist tendenziell mehr gestreckt, das hinteres Bein gebeugter. Die Fersen sind belastet, der Blick geht in Fahrtrichtung.

Zum entspannten, langsamen Cruisen kann der Schirm etwas höher und mehr depowert geflogen werden und damit auch der Körper ein wenig aufrechter stehen. Aber Vorsicht: Bei Böen reißt es einen dann schnell übers Board, weil der Schwerpunkt fast überm Brett steht.

■ Die Form folgt der Funktion: Elegant ist, was Brettkontrolle bringt, schnell macht und Höhe einträgt. Und das sind die Mittel dazu:
• Optimaler Zug im Kite durch eine gute Kitesteuerung
• Zugkraft mit möglichst wenig Kraftaufwand auf das Brett übertragen und in Geschwindigkeit umsetzen.
Der gute Kiter zeichnet sich durch eine ökonomische Körperhaltung aus: Der Oberkörper zeigt in Zugrichtung des Kites, die Arme sind leicht angewinkelt und werden auf Brusthöhe gehalten, die Hüfte wird leicht nach vorne geschoben, das vordere Bein ist gestreckt, das hintere weniger bis gerade, die Fersen sind belastet, und der Blick ist in Fahrtrichtung gerichtet. Die hohe Körperspannung, die dabei durch die Rumpfmuskulatur erzeugt wird, dient dazu,

Der Weg ist das Ziel: Jörn genießt die Kraftbalance zwischen Körper, Brett und Schirm

möglichst viel Zugkraft des Kites ohne Energieverlust auf das Board zu übertragen. Eine herausfordernde und koordinativ anspruchsvolle Aufgabe, die der Kitepilot als Verbindungsglied zwischen Kite und Board bewältigen muss. Man spürt deutlich, dass die Geschwindigkeit nachlässt, wenn man die Körperspannung verringert. Es „versickert", unwissenschaftlich gesprochen, Energie im Körper, die im Brett nicht ankommt.

Das hintere Bein ist leicht gebeugt, um den Druck aufs Heck fein dosieren zu können.

Da sich die Fluggeschwindigkeit des Schirms und die Fahrgeschwindigkeit des Boards ändern, muss der Pilot ständig nachjustieren. Wer wie ein Standbild auf dem Brett steht, wird keine maximale Leistung erleben.

WAS DU SCHON KANNST

Du kannst bereits aus dem Wasser starten und fährst immer wieder längere Strecken am Stück.

WAS DU LERNST

Du lernst, eine ökonomischere Körperhaltung einzunehmen, kraftsparender zu fahren und durch eine bessere Körperhaltung auch sicher und länger zu cruisen.

WAS DU WISSEN MUSST

Kleinere Schirme und größere Boards zum Anfang erleichtern das Handling und die Kontrolle und geben dir mehr Sicherheit. Körperspannung ist das Zauberwort für die Kontrolle der beiden voneinander unabhängigen Komponenten Board und Kite.

*T*ROCKENSTART

Wasserstart im knietiefen Wasser ist wie mit einem Hocker aufs Fahrrad steigen. Deshalb wird im Stehbereich der Beachstart zur Pflicht. Dabei ist allerdings Feingefühl gefragt.

Der Beachstart ist der trockene Beweis dafür, dass du mit dem Board und Kite gefühlvoll umgehen kannst. Denn jede grobmotorische Bewegung würde einen Nosedive der Brettspitze oder einen Kiteabsturz bedeuten. Knackpunkte sind folglich der Einstieg des ersten Fußes und das dosierte Nach-vorne-Lenken des Schirms. Frank zieht sich, um kein Gewicht auf seinen vorderen Fuß zu legen, an der Bar hoch, die er mittig greift, um keinen ungewollten Lenkausschlag zu provozieren.

Die Bar wird zur Klimmzug-Stange

l Brett und Schirm stehen wie beim Wasserstart querab zum Wind. Frank steigt nun mit dem vorderen Fuß in die Schlaufe, ohne das Brett zu belasten. 2 Nun kommt der kritische Moment. Frank zieht sich – lenkneutral – an der Bar hoch, um das Brett nicht zu belasten. 3 Jetzt beginnt er vorsichtig, den Schirm nach vorne zu lenken. 4 Der Schirm zieht auf 1 Uhr und bringt Mann und Brett in Fahrt.

ONEILL

ONEILL.COM
FOR MORE PRODUCT INFO

SHINN
PHOTO FLO DUCATE

.COM
DESTROY ALL OBSTACLES

GEGEN DEN WIND

Ein richtiger Kiter bist du erst, wenn du immer wieder da raus kommst, wo du gestartet bist. Behaupten viele Lehrer. Effektvoll Höhe zu laufen, gibt tatsächlich Sicherheit und Selbstvertrauen. Fürs Sprungtraining ist Höhe laufen ohnehin Voraussetzung. Die Kantentechnik brauchst du auch für den Take off.

Schlimmster Fehler beim Höhentraining: ein zu kleines Board

■ Gegen den Wind kommst Du nur mit Hilfe des Kreuzens. Das heißt, du musst einen Winkel so hart wie möglich am Wind fahren, so dass du gerade eben noch im Fahren bleibst, und dabei die Richtung möglichst Höhe schonend wechseln – also mit Straßenbahn- oder Textilwende. Nur so wirst du wieder deinen Ausgangspunkt oder ein anderes Ziel in Luv erreichen.

Ein guter Tipp zum Höhe laufen: langsam fahren. Nur wer so langsam fährt, dass er jederzeit die Kante stark genug ins Wasser drücken kann, wird erfolgreich aufkreuzen können.

Hier müssen wir noch einmal einen kleinen Ausflug in die Physik machen. Ein Schirm zieht nur dann nach Luv, wenn die Fronttube ziemlich von vorne angeströmt wird. Und das geschieht dann, wenn der Schirm nahe des Windfensterrandes steht.

Die Haltung des Piloten an der Kreuz ist etwas anders als beim normalen Cruisen: Der Oberkörper sollte immer in Zugrichtung des Kites zeigen, die Arme werden leicht angewinkelt auf Brusthöhe gehalten, die Hüfte wird nach vorne geschoben, das Gewicht nach hinten verlagert. Die Fersen sind belastet, und der Blick sollte immer in Fahrtrichtung gerichtet sein. Suche dir bewusst ein Ziel in Luv. Das hilft dir bei der Orientierung.

Aufgrund der ständig wechselnden äußeren

Jörns Höhenkurs hat Hand und Fuß. Der Arm im Wasser bremst das Board, so dass der Schirm noch weiter nach vorne an den Windfensterrand fliegen kann. Zudem bringt er noch mehr Gewicht nach außen.

Stefan gibt sich die Kante. Um die Fersen voll zu belasten, zieht er die Zehen nach oben und bringt den Po tiefer. Außerdem hat er den Kite depowert, um ihn noch strömungsgünstiger zu stellen. Das hilft beim Nach-vorne-Fliegen.

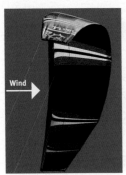

Schirmstellung nahe am Windfensterrand: Der Wind trifft fast von vorne auf die Fronttube auf, der Schirm zieht optimal Höhe.

Wind

Bedingungen (atmosphärischer Wind, Fahrtwind, Welle) muss sowohl die Haltung als auch die Schirmposition ständig neu angepasst werden.

Am Anfang ist man gut beraten, den Schirm zwischen 10 und 11 Uhr zu stellen. Mit steigendem Können wirst du merken, dass du abhängig von der Situation manchmal den Schirm besser höher oder tiefer fliegst.

Beim Höhe laufen spielt auch das Material eine große Rolle: Mit großen Finnen und langer Kante ist Kreuzen gegen den Wind einfacher. Mit kleinen Twintips aber wird der Weg nach Luv zum Kreuzweg. Denn die Kante muss die Finnenführung weitgehend ersetzen. Der richtige Druck auf die Kante aber erfordert eine gute Board-Kontrolle. Deshalb behaupten erfahrene Lehrer, dass ein Aufsteiger zum effektvollen Höhe laufen 20 bis 50 Stunden Zeit auf dem Board braucht.

Auch ein zu kleiner Schirm bringt dich nicht nach Luv. Entscheidend für den erfolgreichen Ausflug nach Luv ist nun mal der passende Wind zum richtigen Kite. Wenn du den Kite „stationär" (an einer Position im Windfenster) fliegen kannst, ohne ihn viel bewegen zu müssen, dann hat er die optimale Größe. Wer unterpowert fährt, muss Sinuskurven fliegen. Und damit sind Aufsteiger vollständig überfordert.

Aufsteiger mit Angst vor ausreichend großen Drachen können sich aber mit einem Trick retten: Sie nehmen ein sehr großes Boards (möglichst Directional) mit größeren Finnen. Diese Boards sind zwar schwerer auf die Kante zu stellen, aber sie ziehen meist auch mit wenig Kantengriff nach Luv, weil die Finnen die Führungsarbeit übernehmen.

Höhe laufen ist ein echter Teil-Job: Er wird von einer Finne und einem Drittel des Boards erledigt. Die Belastung des hinteren Beins reguliert den Kurs zum Wind. Wird das Board zu luvgierig, nimmt der Fahrer etwas Druck weg, wird das Board zu schnell, drückt er wieder mehr und drosselt damit das Tempo.

Stefan fliegt den Kite auf etwa 2.30 Uhr und hat damit einen Kompromiss gefunden. Viele Aufsteiger fliegen aus Angst vor zuviel Zug den Schirm auf einer 1-Uhr-Position. Der Zug wirkt damit nach oben und nicht zur Seite – der Fahrer kann das Board nicht mehr auf der Kante halten und schlittert nach Lee weg. Für gute Fahrer ist eine höhere Schirmposition in Überpower-Situationen sinnvoll.

Bei Hack: Schirm nicht zu tief

Diese Schirmposition bei etwa 30 Knoten Wind verlangt eine kompromisslose Kantenbelastung und gute Brettkontrolle. Die Gischtfahne verrät, dass Frank die Kante maximal belastet – eine Sturmböe würde ihn jetzt ausheben. Bei diesen Bedingungen ist es ratsam, den Schirm etwas höher zu fliegen, um die Querkräfte zu reduzieren.

Aufrecht ist falsch

Fluchtpunkt 1 Uhr: Diese Schirmposition ist die Lieblingsposition ängstlicher Aufsteiger beim Höhentraining. Das Foto zeigt deutlich, dass der Fahrer so die Kante verliert und schnurstracks nach Lee abrauscht.

Diese aufrechte Haltung bringt zu wenig Belastung auf die Kante. Das Foto zeigt deutlich die Spuren des Wegschlitterns nach Lee.

3. Blick in Fahrtrichtung

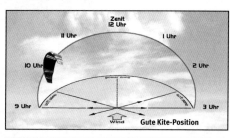

Gute Kite-Position

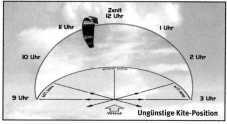

Ungünstige Kite-Position

So geht's: Körper lehnt sich gegen den Zug des Kites, Oberkörper zeigt in Richtung der Zugkraft des Kites, tiefe Körperposition, Körperspannung, Hüfte leicht nach vorne geschoben, Arme leicht angewinkelt in Brusthöhe, Luvkante über Fersen belastet, Fußspitzen zeigen schräg in Fahrtrichtung, Blick nach vorne gerichtet .

FEHLER FINDER HÖHE LAUFEN

Fehler	Ursachen und Folgen	Korrektur
Fahrer fährt mit Höllentempo nach Lee, statt nach Luv zu ziehen	Das Brett hat sich plan aufgestellt und fährt nach Lee, weil der dynamische Auftrieb wegen zu hoher Geschwindigkeit zu groß wurde. Das Board überholt den Kite, der Schirm gerät in die Powerzone, es geht mit Topspeed nach Lee.	Mit erhöhtem Druck über das hintere Bein das Brett ankanten und radikal ausbremsen. Po dichter ans Wasser; Schirm depowern
Fahrer schlittert mit dem Brett quer nach Lee	1. Fahrer hat die Kante verloren, weil er den Schirm zu hoch geflogen hat 2. Fahrer hat die Kante verloren, weil er den Schirm zu tief geflogen hat und der seitliche Druck zu groß wurde	1. Schirm tiefer auf eine 1.30-Uhr-/10.30 Uhr/Position fliegen und die Fersen voll belasten, in dem man etwas in die Knie geht, die Zehen in den Schlaufen hoch zieht und den Po Richtung Wasser nach unten bringt. 2. Schirm auf eine 2-Uhr-Position hoch fliegen
Zu wenig Power im Schirm, Fahrer muss Sinuskurven fliegen	1. Der Schirm ist zu klein 2. Brett ist zu klein und gleitet nicht an 3. Wind ist zu schwach	1. Größeren Schirm holen 2. Größeres Brett mit mehr Auftrieb und längerer Kante holen 3. Weniger hoch an den Wind gehen und lieber ein paar Schläge mehr machen
Fahrer bringt die Kante nicht ins Wasser	1. Fehlende Boardkontrolle 2. Zuviel Volumen in den Rails, die zuviel Auftrieb liefern 3. Zu große Finnen, die zuviel Auftrieb entwickeln und das Board aufhebeln 4. Schirm fliegt zu weit oben	1. Slalom mit dem Board üben: Aufkanten, plan stellen, aufkanten 2. Brett mit schärferer Kante holen 3. Kleinere Finnen einbauen oder die Fersen mehr belasten 4 . Schirm auf 2-Uhr-Position runter fliegen
Schirm will einfach nicht Richtung Windfensterrand nach vorne fliegen	1. Fahrer ist zu schnell, der Schirm kann den Fahrer nicht „überholen" 2. Der Schirm ist zu stark angepowert und damit stömungsungünstig 3. Der Schirm ist ein schlechter Höhe-Läufer und eignet sich für diesen Kurs nicht besonders gut	1. Kante stärker setzen, hinteres Bein stärker belasten 2. Schirm depowern, damit er keine Grätsche mehr macht an den Flügelenden (vordere Tips dürfen nicht zu stark nach außen zeigen) 3. Schirm wechseln oder umtrimmen (Leinen an den vordersten Anknüpfpunkten anschlagen)

VOLL-DAMPF

Wenn zuviel Druck in der Tüte herrscht, geht's unkontrolliert nach Lee. Deshalb sollte man bei einer Hammer-Böe schnell reagieren – und Dampf im Kite ablassen.

■ Plötzlich klemmt das Gaspedal: Du wirst mit dem Board schneller als der Kite, der Kite gerät immer tiefer in die Powerzone und bekommt immer mehr Zug, bis der unabwendbare Sturz folgt. Was also tun bei Überpower? Gewicht mehr nach hinten verlagern, gegen den Zug des Kites lehnen und kräftig mit den Fersen die Brettkante belasten. So wird das Brett abgebremst, der Kite fliegt näher an den Windfensterrand, wo er weniger Zug hat. Wichtigste Hilfe: Bar wegschieben und den Adjuster voll anziehen.

Auch in Switch kann Überpower durch die richtige Körperhaltung kontrolliert werden. Die Hand im Wasser sorgt für mehr Widerstand und langsamere Fahrt . Folge: Der Kite schießt an den Windfensterrand und entwickelt dort weniger Zug.

Gewicht nach hinten verlagern, Po nah zum Wasser, gegen den Zug des Kites lehnen und Brettkante mit den Fersen belasten.

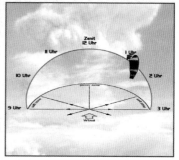

Der Kite wird auf eine Position zwischen ein und zwei Uhr gestellt, um das Tempo zu drosseln. Die Kiteposition muss den wechselnden Windbedingungen immer neu angepaßt werden.

Stefan Keim • Neuharlinger Siel • 08.06.2004 • 16:09 Uhr • Skate 128x35 + Mach3 14 q

All we do is kiteboarding

UNTERDRUCK

**Wenn der Wind schwächelt, darf der Kiter stark arbeiten:
Die fehlende Energie muss durch Fahrtwind ersetzt werden.
Dazu fliegt der Fahrer den Schirm in großen Sinuskurven.**

■ Man steckt in einem Windloch, das Brett wird langsamer, der Kite fliegt an den Windfensterrand, und dann geht das Board auf Tauchstation: Klarer Fall von Kraftstoffmangel, der Wind ist zu schwach, oder der Kite zu klein.

Jetzt muss sich der Pilot mit einem Trick helfen: Er muss Wind produzieren – mit Sinuskurven. In dem er den Kite auf und nieder fliegt, erhöht er den Fahrtwind. Je weniger Wind, desto ausgeprägter müssen die Kurven geflogen werden. Oder anders:

Je stärker der wahre, also wirkliche Wind zunimmt, desto flacher verlaufen die Sinuskurven – bis hin zu einer Geraden. Sprich: Man kann den Kite stationär stehen lassen. Grundsätzlich sollte man versuchen, runde und gleichmäßige Bögen zu fliegen, um einen möglichst konstanten Zug zu entwickeln. Je weniger Zug der Kite entwickelt, desto weniger darf man das Brett aufkanten. Der Kite wird während der Kurven de- und angepowert, um ihn strömungsgünstig zu stylen.

7   **6**   **5**   **4**

Bei schwachem Wind bist du gezwungen, große Sinuskurven zu fliegen. In der Aufwärtsphase musst du die Bar depowern und versuchen, so wenig wie möglich und nur soviel wie nötig deine Kantenbelastung aufzugeben. Je mehr Kantenbelastung du aufgibst, um so weniger kannst du die Höhe halten. Im energischen Abwärtsflug powerst du den Schirm an, indem du die Bar heran ziehst, dabei kantest das Brett stärker an.

Beim Flug des Schirms Richtung Wasser zieht Stefan die Bar zu sich heran und powert den Kite kräftig an.

Auch ein monströser Kite muss bei Windmangel in Kurven bewegt werden. Das allerdings artet dann in Arbeit aus

Mit dem Körper lehnst du dich dabei weit nach hinten. Vor allem im letzten Drittel des Sinkfluges presst du die Kante nochmal stärker. Der Kite wird dynamisch und angepowert durch die Kurve wieder nach oben gelenkt.

Zum Steigflug der Körperschwerpunk näher ans Brett bringen und Schirm depowern.

SCHRÄGE NUMMER

**Wer Switch stance beherrscht, hat den Aufsteiger-Status
hinter sich und beherrscht sein Board jetzt sicher und spielerisch.
Switch ist auch die Eintrittskarte in die Welt der Tricks.**

■ Switch stance, die Fragezeichen-Stellung, ist keine Komforthaltung: Die Zehen zeigen nach Luv, der Zug geht nach Lee. Wer so unbequem auf dem Brett steht, der hat noch große Dinge vor. Tatsächlich ist Switch Ausgangspunkt vieler Tricks. Für stylische Old-school-boys ist Switch stance auch der Beginn einer klassisch zelebrierten Halse.

Fürs Umswitchen zeigt uns Dirk Hanel ein paar Tricks, die das Leben auf der anderen Kante einfacher machen. Auf dem großen Foto demonstriert er elegantes Switch fahren: Die vordere Hand hat die Bar verlas-

Dirks Kommentar: I Mein vorderer Fuß ist in der Fußschlaufe verdreht und dirigiert das Brett in die gewünschte Fahrtrichtung. Der Blick nach vorne in Fahrtrichtung hilft dabei. **2** Mein rechtes Bein ist gestreckt. **3/4** Mit dem linken – also dem hinteren – Bein kontrolliere ich die Lage des Bretts. Das Bein ist leicht angewinkelt, mein Fuß steht nur mit den Ballen auf dem Brett und kann dadurch viel Bela-

sen und taucht ins Wasser ein. Das ist kein Poser-Gag, sondern praktische Physik. So bringt er das Gewicht weit nach Luv, um den Zug des Kites ausgleichen zu können. Außerdem öffnet der Arm den Körper und verleiht eine gestrecktere Haltung. Das sieht nicht nur schöner aus, sondern bringt zusätzlichen Gegendruck zum Schirm und deutlich mehr Kantendruck. Zudem bremst die Hand die Fahrt bei Überpower. Die hintere Hand fasst die Bar in der Mitte, um keine Lenkimpulse auszulösen. Der Kite befindet sich stationär auf einer 10- bis 11-Uhr-Position. Die Ferse des hinteren Fußes hat Dirk stark angehoben, um so mit dem Fußballen die Kante zu belasten.

stung auf die Kante bringen, um effizient Höhe zu fahren.
5/6 In dieser Sequenz habe ich beide Hände an der Bar, um bei schwachem Wind Sinuskurven fliegen zu können.

WAS DU SCHON KANNST

Du kannst kontrolliert cruisen, carven und Slalom fahren. Jeder mögliche Winkel zum Wind funktioniert problemlos (Höhe laufen). Du kontrollierst die Kante perfekt und kannst den Chop Hop (kleiner Sprung) mit 180-Grad-Drehung.

WAS DU LERNST

Du lernst, den Zug des Kiites in die „falsche" Richtung auszugleichen und die Kante durch Ballendruck zu belasten. Du trainierst die Geschwindigkeitskontrolle in schwieriger Fahrsituation und kannst den Kite kontrolliert „parken".

WAS DU WISSEN MUSST

Anfangs hilft eine kleine Welle beim Umsprung in Switch stance. Beständiger, nicht zu starker Wind (anfangs auf keinen Fall überpowert) machen es leichter, den kie-Zug auszugleichen.

BLINDFLUG

Ein Blindflug ist etwas Abscheuliches – der Mensch will wissen, was auf ihn zukommt. Blind kiten aber ist leider angesagt in der Profi-Szene. Man muss auf mehreren Ebenen umdenken.

Nach 180 Grad Drehung muss das Board landen

■ Für diesen Move muss man sein Brett blind beherrschen. Den Namen bekam der Trick allerdings deshalb, weil man wie in der Straßenbahn rückwärts und streng genommen blind fährt. Man darf sich – Dirk Hanel zeigt's hier – freilich leicht umgucken, das gibt keinen Abzug in den Haltungsnoten.

Alle, die Angst vor einer Fahrt ins Blinde haben, beruhigt Dirk: „Blind fahren ist eigentlich kein großes Geheimnis. Wer sicher in Switch stance fährt, der sollte sich auch mal überwinden und die Switch-Richtung wechseln."

Der Schirm wird in unserer Bilderserie auf 2-Uhr-Position (in der anderen Fahrtrichtung auf 10 Uhr) geparkt. Dann lässt man die hintere Hand los und wagt den Umsprung gegen die Fahrtrichtung. Dieser Sprung ist zugleich die Schlüsselstelle, denn wenn du nicht genau die 180 Grad erwischt hast, catchen die Finnen und ziehen dich aus der Fahrtlinie. Das endet immer feucht. Weil die hintere Hand nicht an der Bar sitzt, kann sich der Körper weiter öffnen und das Gewicht nach hinten verlagern. Würde das Körpergewicht noch den – neuen – Bug belasten, wäre ein Schleudersturz die Folge, weil das Brett einspitzelt. Umdenken muss der Fahrer auch bei der Kantenbelastung. In Blind drückt der Ballen des vorderen Fußes die Luvkante rein.

So kann Dirk sogar etwas Höhe laufen, weil er die Kante wirkungsvoll belastet hat. Auf keinen Fall sollte man sich in Blind oder Switch auf einen Raumschotkurs verirren.

Aus den Augenwinkeln sieht Dirk noch ein bisschen nach vorne. Der Schirm ist geparkt auf 2 Uhr, das Gewicht ruht auf Dirks rechtem (hier dem funktional hinteren) Bein.

Anders als beim Switch fahren (kleines Foto) muss der Fahrer in Blindfahrt den vorderen Fuß anheben und mit dem Ballen die Luvkante belasten.

WAS DU SCHON KANNST

Du kannst den Zug des Kiites in die „falsche" Richtung ausgleichen und die Kante durch Ballendruck belasten (Switch stance). Du kannst die Geschwindigkeit in schwieriger Fahrsituation kontrollieren und den Kite „parken".

WAS DU LERNST

Du lernst, beim Umspringen gegen die Fahrtrichtung das Gewicht schon in der Luft zu verlagern und das Board genau nach 180 Grad Drehung zu landen. Die Belastung des vorderen Fußballens beherrschst du schon vom Switch fahren.

WAS DU WISSEN MUSST

Je mehr du dich nach hinten beziehungsweise dem Schirm entgegen lehnst, desto besser kannst du den Zug des Schirms kontrollieren. Suche Dir fürs Training ein Revier, das dir Lee und in Fahrtrichtung allein gehört.

STRASSENBAHNWENDE

Irgendwann muss man mal umdrehen, auch wenn der Kite so sicher am Himmel steht wie eine Raumstation, und das Board in voller Gleitfahrt ist. Anfangs greift der Aufsteiger zur Textilwende mit Po im Wasser. Dann lernt er, trocken umzudrehen.

Aus einem Fehler wird irgendwann ein schöner Sprung

■ Die Bezeichnung Straßenbahnwende drängt sich bei diesem Move auf, weil nicht das Fahrzeug umdreht – umdrehen muss sich lediglich der Fahrer. Hebel umlegen, Augen in die neue Richtung, ein bisschen umtrimmen, und schon fährt der Kiter gegen den Strich. Davon können Skipper nur träumen: Alles was einen Bug hat, braucht große Radien zum Umdrehen und verliert dabei viel kostbare Höhe.

Natürlich hat auch dieser Richtungswechsel seine Tücken: Kritisch ist der Augenblick, in dem der Kite langsam in den Zenit rückgelenkt wurde und der Belastungswechsel auf dem Board ansteht. Der Kite muss dann nämlich energisch nach vorne in die neue Richtung geflogen werden. Der Fahrer sollte nun schnell umtrimmen: Gewicht vom ehemals hinteren Bein, das nun das vordere wird, auf das neue hintere Bein verlagern.

Vor dem Richtungswechsel sollte der Fahrer unbedingt die Fahrt verlangsamen und zum Belastungswechsel ein wenig nach Lee weg schlittern. Dies vereinfacht den Umkehrschwung und sieht ein wenig eleganter aus.

Das Lenken des Schirms verlangt etwas Feingefühl vom Piloten. Wenn er vor dem Richtungswechsel den Schirm zu schnell zurück lenkt, wird aus der Wende ein missglückter Hüpfer. Und wenn er nach dem Durchfliegen des Zenits den Kite nicht energisch genug in die neue Richtung lenkt, versinkt er auf seinem Board und badet die Knie oder nimmt ein Vollbad. Immerhin wird der Wasserstart damit zur Routine-Übung.

Sobald die grundlegenden Wechsel am Himmel und auf dem Board richtig sitzen, geht's an die optische Optimierung der Straßenbahnwende. Der Fahrer schlittert immer deutlicher nach Lee weg. So wird irgendwann mal eine Kurve daraus, und plötzlich steht der überraschte Kiter im Switch stance auf dem Board. Das war dann der unmerkliche Übergang von der simplen Straßenbahnwende zur eleganten Halse.

WAS DU SCHON KANNST

Du kannst bereits cruisen, ein bisschen Slalom fahren und die Kantendruck kontrollieren.
Die Textilwende, also anhalten, im Wasser absetzen und neu starten, beherrschst Du schon sicher.

WAS DU LERNST

Du lernst das zeitlich abgestimmte Verlagern des Gewichts auf dem Board von einem Bein aufs andere und gleichzeitig das zuerst dosierte Zurücklenken und dann das energische Nach-vorne-Lenken des Schirms.

WAS DU WISSEN MUSST

Je mehr Power im Kite ist, desto einfacher wird das Anfahren in die neue Richtung. Unterpower erfordert Abstürzen des Kites wie beim Wasserstart. Ein größeres Board ist hilfreich.

1 Frank verringert zunächst seine Geschwindigkeit, indem er die Luvkante kräftig mit den Fersen ins Wasser drückt. Dabei lenkt er den Schirm schon langsam nach oben. 2 In langsamer Fahrt und voller Kantenbelastung kann er nun kontrolliert in das Manöver einfahren. Den Kite steuert er weiter Richtung Zenit. Vorsicht: Wird der Kite zu schnell nach oben gelenkt, wirst du aus dem Wasser gezogen. 3 Frank wandert mit seinem Körpergewicht immer weiter Richtung vorderes Bein. Das Board belastet er weiterhin so stark auf der Kante, bis es anhält, während der Kite den Zenit erreicht. Die Knie hat Frank leicht angewinkelt. 4 + 5 Während der Kite nun durch den Zenit fliegt, geht Frank noch tiefer in die Knie, um so besseren Halt zu finden. Das Gewicht verlagert er weiter auf das vormals vordere und nun neue hintere Bein. Dabei lässt er das Board ein wenig nach Lee sliden. 6 Den Kite muss er jetzt energisch und entschlossen in die neue Fahrtrichtung steuern, um nicht im Wasser zu versinken. 7 Die Gewichtsverlagerung nach hinten ist erfolgt. Frank belastet wieder die Kante mit den Fersen. Das Timing mit der Kitesteuerung hat genau gepasst, so dass er jetzt wieder zügig in die neue Richtung beschleunigt.

HALSE MIT VOLLDAMPF REIN

Seit es Twintips gibt, gelten Halsen als überflüssig.
Viele Ex-Windsurfer weinen den schwierigen
Halbkreiseln keine Träne nach. Sie freuen sich zu früh.
Denn Steilwandfahren kommt wieder in Mode.

■ Der Spaß beginnt mit stylischem Slalom fahren. Elegant auf glattem Wasser mit den Kanten Spuren ins Wasser zu ritzen, ist fast so schön wie Tiefschneefahren auf dem Snowboard. Slalom fahren ist die ideale Vorübung für alle Halsen, fürs Höhe laufen und fürs Springen. Wichtig dabei ist der Einsatz des Körpergewichts und die richtige Belastung der Kante. Vor dem Um-

kanten geht der Kiter wie der Snowboarder aus der tiefen Kniebeuge, bringt das Gewicht übers Brett und belastet dann erst die neue Kante.

Die wirkliche Herausforderung bedeutet für den Halsenschüler das Switch fahren. Denn das Verkehrt-herum-auf-dem-Brett-stehen bleibt dem Twintipfahrer nicht erspart. Weil er keinen Fußwechsel machen muss wie in grauer Vorzeit der Directionl-Rider, steht er irgendwann verkehrt herum mit dem Rücken zum Kite auf seinem Brettchen. Er hat nur die Wahl, entweder

■ vor der Kurve gleich in Switch umzuspringen und dann mit dem Rücken zum Kurveninneren die Halse zu fahren oder

■ konventionell in die Kurve zu stechen und in Switch aus dem Halbkreis herauszufahren und anschließend umzuspringen.

Halsenschüler schätzen diese Spielart, weil sie sich auf den Halbkreis konzentrieren können und erst nach vollbrachter Halse den kleinen Chop Hop machen müssen.

WAS DU SCHON KANNST

Du kannst bereits kontrolliert Slalom fahren – sowohl kleine enge Bögen als auch große, extreme Kurven. Switch fahren kannst du ebenfalls, sowie aus Switch in die normale Fahrposition wechseln.

WAS DU LERNST

Mit kontrolliertem Speed in die Kurve über Vorwind hinaus zu fahren und danach von Switch in die normale Geradeausfahrt zu wechseln bei gleichzeitig richtiger Kitesteuerung und richtigem Timing.

WAS DU WISSEN MUSST

Je mehr Speed du mit in die Kurve nimmst, umso größer wird dein Kurvenradius, und umso tiefer musst du den Kite durch das Windfenster in die neue Richtung fliegen. Flachwasser und viel Platz auf dem Wasser sind Lernvoraussetzungen.

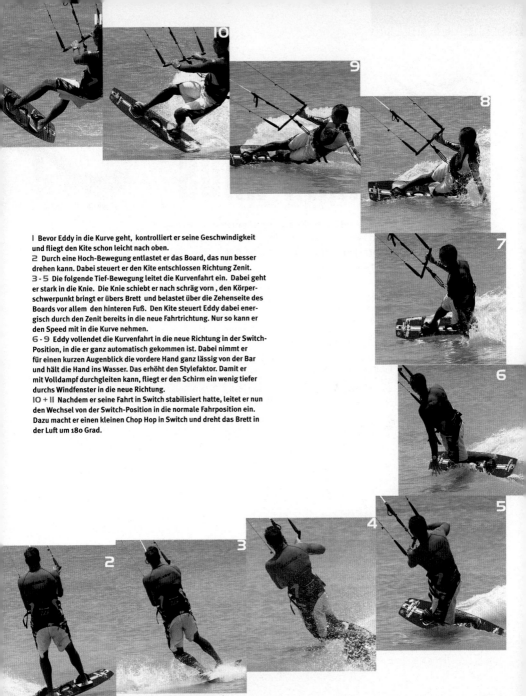

I Bevor Eddy in die Kurve geht, kontrolliert er seine Geschwindigkeit und fliegt den Kite schon leicht nach oben.

2 Durch eine Hoch-Bewegung entlastet er das Board, das nun besser drehen kann. Dabei steuert er den Kite entschlossen Richtung Zenit.

3 - 5 Die folgende Tief-Bewegung leitet die Kurvenfahrt ein. Dabei geht er stark in die Knie. Die Knie schiebt er nach schräg vorn , den Körperschwerpunkt bringt er übers Brett und belastet über die Zehenseite des Boards vor allem den hinteren Fuß. Den Kite steuert Eddy dabei energisch durch den Zenit bereits in die neue Fahrtrichtung. Nur so kann er den Speed mit in die Kurve nehmen.

6 - 9 Eddy vollendet die Kurvenfahrt in die neue Richtung in der Switch-Position, in die er ganz automatisch gekommen ist. Dabei nimmt er für einen kurzen Augenblick die vordere Hand ganz lässig von der Bar und hält die Hand ins Wasser. Das erhöht den Stylefaktor. Damit er mit Volldampf durchgleiten kann, fliegt er den Schirm ein wenig tiefer durchs Windfenster in die neue Richtung.

IO + II Nachdem er seine Fahrt in Switch stabilisiert hatte, leitet er nun den Wechsel von der Switch-Position in die normale Fahrposition ein. Dazu macht er einen kleinen Chop Hop in Switch und dreht das Brett in der Luft um 180 Grad.

HALSE MIT VOLL-DAMPF RAUS

Halsen mit dem Rücken zum Kurveninneren sind eine kleine Zirkusnummer. Der Hundertachtziger steht nämlich vor der Kurve auf dem Spielplan.

Zuerst die Zehen belasten, dann auf die Fersen wechseln, das ist die Kunst

■ Vielleicht ist die Halse in Switch stance auch eine Mentalitätsfrage – schließlich gibt es Menschen, die das Schwierigste immer zuerst erledigen wollen. Solche Kiter springen vor Einleitung der Kurve mit einem kleinen Hüpfer in Switch, also mit dem Rücken zum Kite und leiten aus dieser Position heraus die Kurve ein. Das ist nicht ganz einfach, weil man bei der Belastung der Kanten wieder zweimal umdenken muss: Nach dem Umspringen fährt der Ki-

ter ja auf der „falschen" Kante und muss deshalb die Zehen belasten statt die Fersen. Zur Einleitung der Halse kippt er das Board auf die Fersenseite, um dem Board die Kurve aufzuzwingen. Erst nach der Vollendung des Halbkreises genießt der Jiber die Früchte seines frühen Kantenwechsels und kommt in normaler Haltung aus der Halse. Gratulation. Denn wer diese Kurve ohne Kanten-Chaos sauber durchfährt, ist ein Kandidat für höhere Könnensstufen.

II

I0

9

8

7

I Auf Halbwindkurs leitet Jörn den Wechsel in die Switch-Position ein.
2 + 3 Das Körpergewicht wird zum Bug verlagert. Der Oberkörper leitet
eine Vorwärtsrotation in Fahrtrichtung ein. Das hintere Bein wird leicht
gebeugt und mit dem Brett während der Vorwärtsrotation nach vorne in
Fahrtrichtung gebracht.
4 In der Switch-stance-Position lastet das Hauptgewicht auf den Zehenspitzen, vor allem auf den Zehen des hinteren Fußes.
5 Sobald der Kite in Richtung Zenit fliegt, wird die kurveninnere Kante
(Lee-Kante) über die Fersen belastet und das Brett in die Kurve gesteuert.
6 – II Über die dosierte Kantenbelastung des hinteren Fußes wird der
Kurvenradius bestimmt. Je höher die Belastung, desto enger wird der
Radius. Wichtig: Der Kurvenradius muss zur Flugbahn des Kites passen.
I2 + I3 Auf neuem Halbwindkurs angekommen. Jetzt kann Jörn wieder
Geschwindigkeit aufnehmen und gegebenenfalls noch weiter anluven.

6

5

4

DIE WIEDERGEBURT DER HALSE

Die Halse – ein Move, der sich scheinbar durch langes Liegenlassen von selbst erledigt hat? Marc Ramseier zelebriert uns hier eine einhändige Carving-Jibe, die eine lang vergessene Sehnsucht weckt.

■ Die Halse als Richtungswechsel hat sich mit den Twintip-Boards eigentlich erledigt. Im Zeichen von Straßenbahnhalse, und Transitions aller Art schien ihr Schicksal schon besiegelt. Sie war viel zu schwer und das Erbe der Old-School Windsurfer. Warum sollte der Kitesurfer an einem Manöver verzweifeln, an dem sich schon 90 Prozent aller Windsurfer ein Leben lang

mit größtenteils wenig Erfolg versuchen, wenn es doch einfachere Varianten gibt? Die Faszination des spitzen Winkels zwischen Körper und Wasser, der Ritt auf der Rasierklinge – das Urvertrauen in die Griffigkeit der Kante, das Ausgeliefertsein in die Fliehkräfte der Physik, das unbeschreibbare Steilwandgefühl und der dabei entstehende Adrenalinschub bei einem

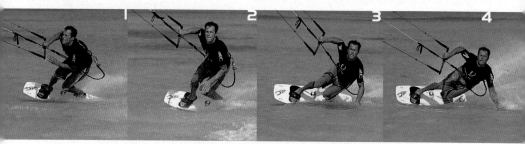

I Der Schirm hat den Richtungswechsel vollendet und fliegt nun bereits horizontal in die neue Richtung. Damit kann Marc die alte hintere Hand von der Bar nehmen, ohne jedoch mit der verbleibenden Hand an der Bar dem Schirm einen Lenkimpuls zu geben. Dies ermöglicht dann ein besseres Vordrehen des Körpers zur Kurvenmitte. 2/3 Marc schaut in die angestrebte Fahrtrichtung, öffnet seine Schultern und somit den Oberkörper so stark wie möglich zur Kurvenmitte, um so den erforderlichen Druck auf die Kante geben zu können. Der Oberkörper sollte dabei fast parallel zum Brett stehen. Marc hat bereits die Ausgangsposition auf Halbwindkurs (Kiteposition 2 Uhr) Richtung Raumwindkurs verlassen. Den Schirm hat er dabei mit der hinteren Hand (hier: die linke) schon eingelenkt, um ihn in die Kurve zu zwingen. Etwas zeitlich verzögert dazu geht er in die Knie und belastet mit dem hinteren Fuß die Leekante des Boards (die Ferse löst sich dabei vom Board, Belastung nur auf den Zehenspitzen). Das Board folgt dem Kite. Die leicht angewinkelten Knie unterstützen die Belastung des hinteren Beines und sorgen für eine aktionsbereite Körperhaltung. Um bei dem Tempo nicht aus der Kurve zu fliegen, muss der Körper noch mehr Kurveninnenlage bekommen. Den Schirm lenkt er auf einer tiefen Flugbahn nahe der Powerzone in die neue Fahrtrich-

Manöver, das als eines von wenigen noch auf dem Wasser stattfindet, feiern ihr Comeback.

Die Halse hat vor allem der Fußwechsel auf den alten Directionals in Misskredit gebracht. Aber zum Fußwechsel gibt es bei Twintips überhaupt keinen Grund, denn anstelle des Kreuzschrittes und Balanceakts beim Directional macht man einen kleinen 180er-Hopser, und schon ist alles beim Alten - außer der Fahrtrichtung, versteht sich.

Man gebe nun dem Manöver eine energische Dosis an Kitesteuerung voraus, viel Kurveninnenlage danach, und schon geht es mit viel Tempo, Spray und dem unbeschreiblichen Steilwand-Gefühl in die Gegenrichtung.

Eine Dosis Kitesteuerung und Kurveninnenlage – und schon spritzt die Gischt

tung. **4/5** Um dem starken Zug des Kites, den er durch seine tiefe Flugbahn entwickelt, mehr Widerstand entgegen setzen zu können, lehnt sich Marc stärker in die Kurve und greift mit der freien, kurveninneren Hand ins Wasser. Die Boardkante schlitzt das Wasser wie eine Rasierklinge. Zur Belohnung erhält Marc das unbeschreibbare Steilwand-Feeling mit einer ordentlichen Portion Spray. Wichtig dabei ist es, die Belastung des hinteren Beines weiterhin so zu dosieren, dass der geplante Kurvenradius beibehalten wird. Zudem fliegt Marc den Schirm in der neuen Windfensterhälfte schon wieder langsam nach oben. **6** Reinliegen und geniessen. Wenn man schnell an Geschwindigkeit verliert, mehr Gewicht auf das hintere Bein verlagern. Dies verkleinert den Kurvenradius und ermöglicht es, den nötigen Kantendruck für den Rest der Jibe aufrecht zu erhalten. Bei Geschwindigkeitsüberschuss kann man mit ausgeglichener Gewichtsverteilung einen größeren Kurvenradius ziehen, oder aber durch Erhöhung des Kantendrucks durch den hinteren Fuß den Körper noch mehr nach innen neigen. **7** Je mehr sich Marc dem neuen Halbwindkurs nähert und je mehr er an Geschwindigkeit verliert, desto mehr richtet er sich auf. **8.** Auf dem neuen Kurs befindet er sich in der Switch-Position. Mit einer 180-Grad-Boarddrehung geht's in die normale Fahrposition.

HÖHE SPAREN

Höhe ist kostbar, wenn der Aufsteiger noch mit der Kante kämpft. Selbst die berühmte Straßenbahnwende ist kein Höhen-Schon-Move. Marc Ramseier lädt deshalb zum „Höhenspartag" ein.

■ Der schlaue Aufsteiger will auch bei Wendemanövern auf der Höhe bleiben und sie nicht sinnlos durch Lee-Jumps verballern. Marc Ramseier zeigt für Aufsteiger und Kiter, die schnell nach Luv wollen, einen Transition-Move, der nicht nur Höhe spart, sondern dazu noch gut aussieht. Dieser Move, nennen wir ihn also Höhenspartag, geht wirklich mit dem „Bug" durch den Wind und ist im seglerischen Sinn eigentlich eine Wende.

1 Mark hat den Schirm schon langsam und bedächtig nach hinten gelenkt (er will ja nicht springen!) und den hinteren Fuß stark belastet. So nimmt er die Fahrt aus dem Board. 2 Der Kite ist jetzt im Zenit angekommen und liefert gerade noch soviel Auftrieb, damit der Pilot weder untergeht noch aus dem Wasser gelupft wird. Das Board wird weiter am Heck belastet und schießt so in den Wind. 3 Marc steuert den Kite weiter, um Druck im Schirm zu behalten. Mit dem Kopf, der über die hintere

6 Um der Fahrt wieder Dynamik zu geben, zieht Marc die Bar zu sich her und powert den Schirm an. Das Gewicht verteilt er wieder auf beide Beine. 7. Move abgeschlossen, Höhe gerettet – Marc ist wieder im normalen Fahrbetrieb und zieht nach Luv.

4

*D*as Heck dient
als Abdrifthem-
mer und Kurven-
mittelpunkt

5

(linke) Schulter schaut, unterstützt er die Rotation.
4 Die Boardspitze kommt aus dem Wasser, das Heck bleibt
als Anker im Wasser. So wird Abtreiben nach Lee verhindert. Zudem dreht das Brett um diesen Punkt wie ein Zir-
kel. Die Rotation wird durch die Kopfhaltung und den
Blickwinkel in die neue Richtung unterstützt. 5 Die Rotation um 180 Grad ist beendet, die Boardspitze fällt wieder
aufs Wasser zurück. Marc nimmt nun wieder Speed auf, in
dem er den Schirm zügig in die neue Fahrtrichtung lenkt.

Mit prominenten Gästen und Lehrern

Kneipen, die gern feiern

Mit Wellness nach dem Training

In attraktiven Hotelanlagen

Für Cruiser und Heizer

Mit höchstem Sicherheit-Standard

Mit wundervoller Rück-Sicht

Für unvergessliche Augenblicke

Mit viel Stoff-Wechsel

Mit modernem Material

In gepflegtem Ambiente

Mit Angeboten für Nacht-schwärmer

Mit vielen kleinen Belohnungen

Mit kariti-schem Flair

Mit perfekter Security

Mit hohem Lerntempo

Für alle Könnensstufen

Und gemütvollen Minuten

Nach einem normalen Kitekurs lernst Du, dass man Kiten nicht in 10 Stunden lernt. Nach zwei Kitekursen merkst Du, dass 2 mal 10 nicht 20 ist. Nach drei Kitekursen weißt Du, dass Du besser gleich kitecity gebucht hättest. Denn bei den Intensiv-Seminaren des KITE Magazins bleibst Du 6 Tage lang am Kite. Und 6 Tage lang in der Gruppe unter Freunden. Freunde, die Dir helfen, dich anfeuern, sich freuen über Deine Erfolge. kitecitys finden in den besten Lernrevieren der Welt statt. Mit den besten Trainern, die wir kennen. In traumhaftem Urlaubsambiente. Wir freuen uns auf deine Fragen: 08152/999044. Oder: www.kitecity.de

kite city ®
SPORTREISEN

CHICKENJUMP

Früher hieß der Hüpfer über kleine Wasserhügel Chop („Kabbelwellen") Hop. Heute nennen wir ihn Chicken Jump, weil der Flug nicht viel weiter führt als der Flattermann eines Huhns.

Dieser Minisprung bringt dir das Können für die großen Abenteuer

■ Bei einem schönen Mittel- bis Fernflug mit dem Kite wird der Schirm als Flugzeug gebraucht. Beim Chicken Jump nutzen wir eine Kabbelwelle und parken den Schirm. Jetzt nicht die Nase rümpfen: Hühner sind auch Vögel, und ein schöner Chop Hop ist schon mal ein Einstieg in den Aufstieg.

Der Schirm wird nah am Zenit geparkt, so dass er neben dem Vortrieb auch schon etwas Auftrieb liefert. Dadurch kann sich der Pilot voll und ganz auf den Absprung konzentrieren, der auch später für die großen Brüder des kleinen Chop Hops wichtig ist. Auf einem Amwindkurs geht der Pilot tief in die Knie und baut über die Fersen progressiv Kantendruck auf. Wichtig dabei ist, dass nicht die ganze Fahrtgeschwindigkeit bei der Kantenbelastung verloren geht. Zusätzlich wird der hintere Fuß zunehmend mehr belastet.

Dann kommt der „Pop" zum Absprung – das hintere Bein wird explosiv gestreckt. Durch diesen Tritt auf das Hinterteil des Boards wird der Absprungimpuls erzeugt, und das Brett hebt zu seinem Kurzflug ab. Natürlich kann man diese kleinen Hopser über einer kleinen Windwelle ausführen, das erleichtert das Abspringen am Anfang. Ziel aber ist es, sich auch im puren Glatt- oder (wie die Amis sagen) Flachwasser ohne Welle „herauspoppen" zu können. Je besser man die Chop Hops beherrscht, desto kontrollierter und höher wird man sich später bei den großen Sprüngen heraus katapultieren können.

| 1 Zuerst nimmt Stefan kontrolliert Geschwindigkeit auf und baut über die Kantenbelastung kontinuierlich Druck auf. Nun kann man sich eine kleine Welle für den Absprung aussuchen. 2 Gewicht nach hinten verlagern und dabei tief in die Knie gehen. Der Kite steht zwischen 11 Uhr und 12 Uhr und bleibt dort auch stehen. 3 Hinteres Bein nun zum Absprung explosiv strecken. Die vorher aufgebaute Spannung entlädt sich. 4 Sobald das Brett aus dem Wasser zum Kurzflug abgehoben ist, werden die Beine angewinkelt. 5 Während

WAS DU SCHON KANNST

Du kannst kontrolliert gleiten/cruisen und beherrschst auch das Kurven-/Slalom fahren. Die Kante entsprechend dem Wind zu kontrollieren, klappt gut, du kannst also problemlos Höhe laufen.

WAS DU LERNST

Du lernst beim Chop Hop die Absprungtechnik für Sprünge ohne Kiteunterstützung, die eine unverzichtbare Grundlage für erfolgreiche Sprungversuche mit Kiteunterstützung sind.

WAS DU WISSEN MUSST

Zu Beginn hilft oft eine kleine Welle beim Absprung. Der Chop Hop funktioniert jedoch auch auf spiegelglattem Flachwasser. Je mehr Power der Kite hat, desto größer werden die Hüpfer. Umso größer wird aber auch die Gefahr, dass du deshalb die Kante nicht mehr halten kannst.

Der Moment des höchsten Glücks: der Absprung

der sehr kurzen Flugphase nimmt man eine kompakte Körperposition ein, um die Körperspannung zu halten. 6 + 7 Rechtzeitig zur Landung die Füße wieder strecken und dabei das Board wieder unter den Körper bringen. 8 Zur Landung wird der Kite wieder weiter in Fahrtrichtung gelenkt, um sofort wieder Speed aufnehmen zu können. Bist du weiter als drei Boardlängen gesprungen, dann hat der Abdruckimpuls funktioniert.

TAKE OFF

Im Prinzip können alle Kiter, die halbwegs geradeaus fahren können, auch springen. Im Prinzip. Zu einem Kunstflug gehört aber noch eine perfekte Synchronisation. Sonst gibt's einen Absturz.

■ So geht's im Prinzip: Der Pilot nimmt auf Halbwindkurs kontrolliert Geschwindigkeit auf und erhöht den Druck auf die Luvkante. Dabei steht der Kite auf 10- bis 11-Uhr Position. Über die hintere Hand wird der Kite Richtung Zenit gelenkt – bei gleichzeitiger Erhöhung des Kantendrucks, die durch eine Senkung des Körperschwerpunktes erreicht wird, indem der Kiter langsam in die Knie geht und die Fersen belastet. Den nun gegen die Fahrtrichtung fliegenden Kite steuert der Flieger nun von 11 Uhr weiter über den Zenit hinaus hinter sich bis auf etwa halb zwei. Kurz bevor der Kite im Zenit ist, belastet der Kiter nochmal extrem stark die Luvkante. Der Kite „parkt" hinter dem Kiter und zieht ihn vom Wasser weg, als säße er im Fahrstuhl. Jetzt entscheidet die Kitesteuerung über Jump oder Junk. Ein fetter Sprung setzt nämlich eine richtige Tragfläche voraus – der Fernflieger steuert den Kite von halb zwei zurück Richtung Zenit und genießt dort die Schirmherrschaft über sich, während sich unten das Wasser nach ihm sehnt. Wenn der Kiter auf dem absteigenden Ast ist, wird's Zeit, den Schirm wieder dosiert und rechtzeitig nach vorne zu len-

| Der Kiter belastet die Luvkante des Boards, indem er in die Knie geht und seinen Körperschwerpunkt absenkt. Dabei steuert er den Kite mit der hinteren Hand Richtung Zenit. 2 Auf den letzten Metern vor dem Absprung versucht er, soviel Kantendruck und Leinenspannung wie möglich aufzubauen. Wichtig: Beim Kanten darf nicht der gesamte Speed verloren gehen. 3 Der Kite fliegt durch den Zenit in die entgegengesetzte Fahrtrichtung. Dabei erfolgt der Absprung bei maximaler Leinenspannung. Der Flieger streckt dazu explosiv vor allem das hintere Bein. 4 Nach dem Absprung zieht der Pilot die Knie an. Der Kite hat bereits die 11-Uhr-Position erreicht, der Pilot be-

WAS DU SCHON KANNST

Du kannst bereits sicher cruisen, Höhe laufen und kontrolliert carven (Slalomfahren), du kannst den Kantendruck deines Boards dabei kontrollieren und beherrschst schon gut die Zugkontrolle und Steuerung deines Kites.

WAS DU LERNST

Du lernst die Synchronisation und das optimale Timing von Absprung und Kitesteuerung.

WAS DU WISSEN MUSST

Der Kite muss über genügend Power verfügen, aber im depowerten Zustand trotzdem noch kontrollierbar sein, damit du die Boardkante kompromisslos und kontrolliert ins Wasser drücken kannst. Der beste Übungsraum für deine ersten Hüpfer sollte glattes Wasser, genügend Wassertiefe (mindestens 80 cm) und genügend Raum nach Lee bieten.

ken. Passt das Timing der Kiteflugbahn zur Landung, setzt dich der Schirm sanft auf das Wasser zurück.

Ob du höher oder weiter springst, liegt oftmals am Timing des Absprungs. Je früher du abhebst, desto flacher und weiter wird der Sprung, je länger du die Kante halten kannst, umso höher kannst du dich herauskatapultieren. Beherrschst du den Basis-Sprung, sind dir alle Türen geöffnet, um kompliziertere Sprünge mit Drehungen zu erlernen. Denn die Grundtechnik ist bei allen Sprüngen die gleiche.

ginnt den Schirm dosiert über die vordere Hand zurückzufliegen. 5+7 In einer kompakten Körperhaltung, mit angezogenen Knien, kann er die Flugphase sehr gut kontrollieren. Dabei lenkt er den Schirm kontinuierlich nach vorne. Bei hohen und weiten Sprüngen muss er wesentlich dosierter nach vorne lenken und eventuell den Kite noch kurz im Zenit halten. 8 etzt befindet er sich schon wieder im Sinkflug. Er visiert bereits den Landeplatz an und muss noch mal extremer mit der vorderen Hand an der Bar ziehen, um den Schirm zur Landung weit genug vorne zu haben. 9 Die Landung federt er durch ein weiches in die Knie gehen ab. Der Schirm steht weit genug vorne in Fahrtrichtung, so dass er direkt wieder volle Fahrt aufnehmen kann.

KRAFT ZUM ABHEBEN

Hüpfer oder Fernflug: Der Absprung ist das entscheidende Kriterium für die spätere Flugbahn. Die Entscheidung über Chicken oder Champion Jump fällt in der allerletzten Sekunde.

■ Der spannendste Augenblick einer aufstrebenden Kiter-Karriere: der Erdanziehungskraft für ein paar Sekunden zu entwischen. Dabei ist Springen lernen gar nicht so schwierig. Ein guter Absprung braucht nur:
• ein Board, das kompromisslos nach Luv will (sprich angekantet ist), so dass die Leinen extrem gespannt sind
• einen Kite, der hinter dem Piloten steht, damit der Schirm wie ein Anker in der Luft wirkt und den Kiter vom Wasser rupft
• einen explosiven Abdruckimpuls
Die Tücke liegt im Timing und in der Synchronisation dieser drei Komponenten. Flugschüler nehmen als Ausgangsposition den Amwindkurs, da hier die Kante schon richtig hart greift. Der Überflieger dagegen holt sich zuerst den nötigen Speed auf Halbwindkurs oder sogar durch einen

Schlenker über Raumwindkurs. Genau dann, wenn der Kite in die entgegengesetzte Fahrtrichtung gesteuert wird, muss die Luvkante des Boards mit den Fersen noch radikaler angekantet werden. Erst durch diese Hoch-Spannung wird die Hebelkraft wirksam. Der Pilot lehnt sich gegen den immer stärker werdenden Zug nach Luv und geht in die Knie, um die Fersen noch stärker belasten zu können. Das Gewicht befindet sich auf dem hinteren Bein. Kurz bevor der Kite den Zenit erreicht, muss der Pilot die Luvkante nochmals extrem ins Wasser hämmern und versuchen, die Kante so lange wie möglich zu halten. Erst wenn der Kite durch den Zenit fliegt, gibt der Pilot der Spannung nach, indem er die Beine kräftig und explosionsartig streckt – vor allem das hintere. Dann kommt der Fahrstuhl.

l Stefan kantet das Board extrem an und versucht, soviel Spannung wie möglich vor dem Absprung aufzubauen. Dabei ist er tief in den Knien. Vorsicht: Beim Kanten darf nicht der ganze Speed verloren gehen. **2** Hier verlagert Stefan sein Gewicht deutlich nach hinten und streckt dann zum Absprung explosiv vor allem das hintere Bein. **3** Die Spannung, die er bis zum letzten

I Jörn geht zuerst in die Knie, um die Fersen dabei noch extremer belasten zu können. 2 Dann streckt er die Beine, besonders das hintere, ruckartig durch, um den berühmten „Pop" für den Absprung auszulösen.

Moment aufgebaut hat, entlädt sich. Wenn das Timing stimmt, geht es jetzt nach oben. 4 Je länger man die Kante halten kann und je später man abspringt, umso höher werden die Sprünge. Je früher man das Wasser verlässt, desto flacher aber weiter werden die Sprünge.

FEHLER FINDER SPRINGEN

Fehler	Mögliche Ursachen und Folgen	Korrektur
Die Kante wurde nur halbherzig zum Absprung eingesetzt, die Leinen sind nicht extrem gespannt	Mögliche Ursachen: zu dicke Kante, zu breites Brett, zu mickrige Fußschlaufen, störende Welle; aus Absprung erfolgt nicht explosiv genug, aus einem geplanten Sprung wird nur ein kleiner Chicken Jump	Dünneres Brett, gut sitzende und breite Schlaufen; Zehen nach oben ziehen um die Fersen zu belasten, in die Knie gehen, Schwerpunkt weiter nach hinten bringen; Kante also kompromisslos ins Wasser drücken, damit eine extrem hohe Leinenspannung erreicht wird
Zuviel Geschwindigkeit beim Absprung	Kanteneinsatz nicht hart genug; Kante kann nicht gehalten werden, deshalb kein aktives Abspringen möglich, wenn überhaupt wird der Sprung sehr flach	Geschwindigkeit durch Kantendruck kontrollieren: viel zu schnell und viel zu langsam funktionieren nicht! Kite muss im depowerten Zustand noch kontrollierbar sein, so dass ein aktives Kanten und Ausbremsen möglich ist
Verlust der Kantenführung beim Zurückfliegen des Schirms	Beim Zurückfliegen des Schirms bekommt man Auftrieb, wird „leichter", die Kraftlinie zeigt nach oben, die Kantenführung wird aufgehoben; Sprung wird, wenn überhaupt, mickrig	Geschwindigkeit kontrollieren, eventuell kleineren Kite fliegen; Kite zunächst langsam bis 11 Uhr fliegen, dann erst progressiv und entschlossen weiter zurücklenken; Timing zwischen Absprung und Lift überprüfen und verbessern
Kite wird zu weit in die andere Windfensterhälfte geflogen oder dort zu lange hinten stehen gelassen	Die Landung wird ein kapitaler Absturz, weil der Pilot den Schirm während der Flugphase nicht mehr rechtzeitig über sich bringen kann; der Kite kann keine tragende Funktion ausüben, weil er beim Landeanflug nicht über dem Kiter steht	Schon im Steigflug muss der Kite wieder nach vorne gelenkt werden, damit er zum Sinkflug wieder rechtzeitig vorne ist. Man kann auch die hintere Hand von der Bar nehmen, da sie nach dem Absprung eigentlich nicht mehr gebraucht wird
Kite kommt zur Landung nicht rechtzeitig nach vorne	Lenkausschlag der vorderen Hand ist zu gering; vordere Hand greift Bar zu mittig; Kite bleibt über Kiter stehen: Fallschirmlandung, Pilot versinkt bei der Landung im Wasser	Stärkerer Lenkausschlag mit der vorderen Hand; evt. mit vorderer Hand weiter außen greifen, bis die Kiteflugbahn passt und die ideale Position gefunden ist
Schirm kommt zur Landung viel zu früh nach vorne	Lenkausschlag der vorderen Hand ist zu stark; evt. greift vordere Hand die Bar zu weit außen; Pilot wird bei der Landung nach vorne gerissen und stürzt	Lenkausschlag muss geringer ausfallen; Bar evt. mittiger greifen
Brett verkantet bei Landung	Quer zur Zugrichtung des Kites gelandet; Pilot wird nach vorne gerissen wird und der Sturz folgt	Brett zur Landung auf einen Raumwindkurs ausrichten: Brettspitze zeigt auf den Kite

...fasten your harness and fly

rider: P. Moncarelli - photo: R. Pala

K-SEAT harness

key pocket

back support adjuster

neoprene protection

security knife

impact spreader bar

progressive belt

quick lock

heavy duty material

antilift system

leash connector

Pat Love

K-Seat

Pat Love

retractable handle

Pat Love
WATERWORLD EQUIPMENT

Intenics Surf Gear: phone 0049.8152.988.779 - fax 0049.8152.988.776 - info@intenics.de - www.pat-love.com

FLIEGENDER START

Aufs Wasser geht man nicht. Man fliegt. Meint jedenfalls der spanische Pro Alex Pagés. Sogar für den Weg vom Wasser zum Strand nimmt er das Flug-Zeug. Für den fliegenden Start und die Landung darf der Wind aber niemals auflandig wehen.

Start

I Um ein wenig Schwung zu holen, kann der Pilot den Schirm zuerst wie beim Wasserstart leicht zurückfliegen. Dann leitet er durch starken Lenkausschlag (hier mit der linken Hand) in Fahrtrichtung den Absprung ein. 2 In dem Augenblick zunehmenden Zugs im Schirm macht der Pilot einen Schrittt nach vorne und zieht die Bar mit der einen Hand zu sich heran, um noch mehr Power zu bekom-

Landung

I An der Spur schön zu sehen, wie Alex vor dem Absprung nochmals anluftet. 2 Bei den ersten Versuchen reichen allerdings Sprünge mit geringer Höhe. Nach dem Absprung geht Alex sehr stark in die Knie, um den Griff am Brett zu erwischen. 3 dBis zum höchsten Punkt des Sprungs muss man die Füße aus den Gummis gezogen haben. 6 Fahrer mit langen Armen und oder kurzen Beinen tun sich

■ Alex führt den Beachflug am Strand von Coche vor – bei schräg ablandigem Wind (Rettungsboote garantieren hier die Sicherheit). Weht der Wind zum Beach, ist dieser Move strikt verboten. Auch fahrtechnisch verlangt der hydro-dynamische Start gehobenes Niveau: Du musst den Kite beim Springen schon sehr gut kontrollieren können und außerdem schon ein paarmal Board offs geübt haben. Ein Griff, auch wenn er im Worldcup verpönt ist, hilft bei der Boardkontrolle in der Luft.

Für den Fliegenden Start brauchst du zudem die doppelte Leinenlänge Platz in Lee – den ersten paar Versuchen folgt sicher ein Relaunch. Der Landebereich beim Start sollte mindestens 80 Zentimeter betragen – weniger kann bei einer Crashlandung weh tun. Gelingt die Luft-Brücke zum Wasser, ist auch die Landung nicht mehr schwer – da läuft der Film einfach rückwärts. Hohe Sprünge sind übrigens weder nötig noch sinnvoll – es reicht ein zwei Meter hoher Hopser.

men. 3 + 4 Beim Einsetzen des Lifts geht der Flieger extrem in die Knie und sucht mit den Füßen die Schlaufen. Am höchsten Punkt des Sprungs haben die Füße ihren Halt gefunden. Sehr enge Fußschlaufen erschweren das Reinschlüpfen in die Board-Pantoffeln. 5 Im Sinkflug rubbeln sich die Füße noch tiefer in die Schlaufen. 6 Fahrgestell ausfahren und und dann nach der Landung beschleunigen.

leichter. Ein hoher Griff ist ebenfalls hilfreich. 7 Den Schirm lenkt Alex nun mit einer Hand in den Zenit, um eine perfekte Fallschirm-Landung vorzubereiten. In dieser Stellung schwebt der Pilot sanft auf dem Strand. 8 + 9 Das ist besonders wichtig, weil der Strand härter ist als Wasser. Deshalb rät Alex, die Landung zuerst einmal in stehtiefem Wasser zu üben, bevor am an Land einschwebt.

HAUPTROLLE

Der Backloop spielt die Hauptrolle beim Lernen der Rotationen: Er ist der beliebteste und einfachste Kreisel-Move – und trotzdem stylisch. Besonders wenn man ihn wie Kite-Trainer Jörn Kappenstein weit über Kopfhöhe dreht. Dafür allerdings muss er hoch springen.

WAS DU SCHON KANNST

Du kannst schon kontrolliert springen und landen. Auch den Backflip in einer kompakten Körperhaltung beherrschst du sicher.

WAS DU LERNST

Du lernst den Backflip zu veredeln, indem du das Board über Kopfhöhe während der Rotation bringst.

WAS DU WISSEN MUSST

Je kleiner das Board, desto besser. Ideale **Bedingungen sind Flachwasser und vier bis fünf Windstärken.** Bei Backloops musst Du nicht voll angepowert fahren.

■ Gestreckte Beine beim Backloop bekommen mehr Style-Punkte. Aber mit ausgefahrenem Fahrwerk dreht man langsamer. Folglich muss der Sprung höher werden, damit der Pilot mehr Zeit für die Rotation hat. Je kleiner er sich macht, desto schneller kreiselt er. Rotieren heißt Springen mit Köpfchen: Die Kopfsteuerung ist der entscheidende Knackpunkt für die Drehung. Der Körper folgt dem Kopf. Deshalb dreht Jörn den Kopf direkt nach dem Absprung über die vordere Schulter und leitet damit die Rotation ein. Den Dreh mit dem Köpfchen hast du relativ schnell raus. Auch das Rotieren wird dir nicht sonderlich schwer fallen. Und doch stehst du schnell vor den nächsten Problemen – die Schirmsteuerung und das Beenden und Auflösen der Rotation. Die Hauptschwierigkeit der Schirmsteuerung liegt darin, dass der Schirm nicht recht-zeitig genug nach vorne gelenkt wird. Jörn beginnt den Schirm deshalb schon direkt nach dem Absprung wieder nach vorne zu lenken. Im Prinzip könnte er jetzt auch die hintere Hand loslassen, da er sie bis zur Landung nicht mehr braucht. Du solltest für das richtige Timing der Flugbahn ruhig ein wenig mit der Griffposition an der Bar experimentieren: Von der Mitte rutschst du bei jedem Versuch immer einen Griff weiter nach außen, bis der Schirm schnell genug wieder nach vorne gekommen ist. Die Rotation beendet Jörn, indem er seine Haltung auflöst, das Brett wieder nach unten bringt und eine insgesamt gestrecktere Körperposition einnimmt. Vor allem bei der Rotation über Kopf sollte man die Zehen bewusst so aufstellen, dass die Füße nicht aus den Fußschlaufen rutschen können.

1 Jörn überprüft den freien Raum in Lee und zieht mit der hinteren Hand kurz an der Bar, während er stark ankantet. 2 Durch das explosive Strecken, vor allem des hinteren Beines, unterstützt er den Absprung. Der Blick wandert schon in Richtung vordere Schulter. 3 Der Impuls für die Rotation wird jetzt maßgeblich vom Kopf bestimmt, der über die vordere Schulter nach hinten gedreht ist. Jörn winkelt die Beine zunächst leicht an und lehnt den Körper dosiert zurück, um dann das Board besser über Kopfhöhe zu bekommen. 4 Die Augen schauen weiter über die vordere Schulter. Aus der Rücklage heraus streckt er die Beine komplett durch und lässt das Board mit der Unterseite gen Himmel schauen. 5 + 6 Langsam geht's wieder abwärts. Ein leichtes Einknicken in der Hüfte und das Board geht auf Talfahrt. Beachte: Durch die gestreckte Körperhaltung ist die Rotation relativ langsam. Deshalb ist es wichtig, dass der Kopf bis zum Schluß über die vordere Schulter gedreht bleibt. 7 + 8 Jetzt wird's Zeit, die Rotation zu beenden und den Landeplatz anzuvisieren. Um bei höheren Sprüngen ein Überdrehen zu vermeiden, solltest du versuchen, den Kite noch möglichst nah am Zenit zu halten. 9 Zum Landen die Beine strecken und den Steuerimpuls der vorderen Hand forcieren, falls der Schirm noch nicht weit genug nach vorne geflogen ist.

FRONTLOOP OHNE HAKEN

Sprünge aus den Armen heraus sind angesagt. Weil die Wakeboarder, die zur Zeit das Programm bestimmen, aber kein Trapez haben, müssen die Kiter auf ihren hilfreichen Haken verzichten. Kristin Boese zeigt uns den Frontloop ausgehakt.

Der Sprung muss ohne Schirm unterstützung auskommen

■ Die Unhooked-Sprünge werden zudem ohne Kiteunterstützung gesprungen – die Absprungenergie kommt aus dem Pop des extrem aufgekanteten Boards und der hochgespannten Leinen heraus - der Kite bleibt auf der 10-Uhr-Position vor dem Jumper stehen. Solche („loaded") Sprünge sind sehr schnell, aber nicht sehr hoch und beeindrucken den Fachmann, weniger das unkundige Publikum an Land. Allzu viel Dampf im Schirm lieben die Unhooked-Kurbler nicht. Kristin rät deshalb, vor dem Sprung, den Adjuster, mit dem man die Leinenspannung der Frontleinen reguliert, auf Volldepower zu ziehen. Sie rät zudem zu einem Zwölfer- bis Sechzehner- Schirm – was schon verrät, dass sie fünf Windstärken für ausreichend bis ideal hält.

I Mit depowertem Adjuster zieht Kristin die Bar zum Körper, um den Depower(Chicken)-Loop aus dem Trapezhaken auszuhängen. Sie greift dabei mit beiden Händen in der Mitte der Bar und erspart sich so unangenehme Verlenkmanöver. Gleichzeitig kantet sie so stark wie möglich an und baut Druck gegen den Zug des Kites auf. Hierbei luvt sie an. 2 Nun gibt sie dem aufgebauten Druck nach und stösst sich mit den Beinen und dem Board noch etwas vom Wasser ab. Weil der Kite nicht bewegt wird, auf 45 Grad (etwa 10 Uhr) stehen bleibt und permanenten Zug erzeugt, schnippst sie nun regelrecht in die Höhe. In diesem Moment wird durch den berühmten Blick über die Schulter die Vorwärtsrotation eingeleitet. Um Kite und Zug unter Kontrolle zu behalten, lässt sie die Arme am besten ein wenig angewinkelt. 3 Im Unterschied zu einem eingehakten Frontloop wird man unhooked durch die bestehende Querkraft des Kites ein wenig in

WAS DU SCHON KANNST

Du beherrschst schon Sprünge wie Raley oder Back flip ausgehängt und bist auch mit dem eingehängten Frontloop vertraut.

WAS DU LERNST

Du lernst die extrem schnelle Frontrotation ohne Kiteunterstützung – aus den Armen heraus geflogen.

WAS DU WISSEN MUSST

Zuviel Power schadet hier, weil man den Schirm sonst nicht mehr halten kann. Außerdem muss man das Board vor dem Absprung radikal „loaden", um die Energie für die Rotation zu laden.

die Waagerechte versetzt und fliegt dem Kite im wahrsten Sinne des Wortes hinterher. Diesem Streckbankgefühl gibt man einfach nach und darf dabei nicht das Weiterrotieren und den Blick über die vordere Schulter vernachlässigen. Die Arme bleiben weiterhin leicht angewinkelt. 4 Wenn die Rotation fast abgeschlossen ist, fixiert man den Blick nun ganz auf die Landebahn. Beim Blick aufs Wasser erkennt man außerdem, wieviel Platz und Zeit noch bis zum Aufsetzen bleibt und kann die Landung durch leichte Verzögerung oder Beschleunigung der letzten Viertelrotation gut timen. 5 Vor der Landung bringt Kristin das Board unter den Körper. Sie zieht die Bar zu sich her und baut eine hohe Körperspannung auf. So positioniert sie das Board in eine leichte Vorwind-Position. 6 So sanft wie möglich, trotzdem gepowert, setzt sie mit etwas angewinkelten Knien auf und kann so die Landung abfedern. Um Druck aus den Leinen zu nehmen und sich leicht wieder einhaken zu können, fährt sie dem Kite voll hinterher.

GEISTERFLIEGER

Der Frontflip gilt als Steigerung des Backflips. Kiter, die neue Herausforderungen suchen, landen ihn nicht konventionell, sondern als Geisterfahrer mit dem Rücken zur Fahrtrichtung.

■ Der Kombinationsmove vereinigt die Schwierigkeiten beim Frontflip und beim Blindfahren – als ob die Geisterfahrt nicht kompliziert genug wäre. Zentraler Knackpunkt ist dabei die Schirmsteuerung: Die Landung und die Weiterfahrt im Rückwärtsgang vertragen nämlich nicht so viel Zug. Worldcupperin Kristin Boese zeigt den Move hier mit sehr dosierter Kraftentwicklung. Das Körpergewicht liegt nach der Landung auf dem vorderen Fuß, der Blindfahrer muss sich nach vorne lehnen, um

dem Zug des Kites zu begegnen.

Die Schwierigkeit bei der Rotation besteht einfach in einer halben Schraube mehr – sonst würde man ja konventionell landen. Deshalb braucht man etwas mehr Dreh-Energie, die man aber wieder rechtzeitig stoppen muss, um keinen 720er mit herkömmlicher Landung zu produzieren. Die Rotation wird durch die gedrungene Körperhaltung begünstigt, gestoppt wird sie, in dem man die Kauerstellung auflöst und sich steif macht.

| Relativ langsam setzt Kristin zum Absprung an, denn Ziel ist es nicht, super hoch zu springen, sondern kontrolliert und blind zu landen. Der Kite wird langsam in den Zenit gesteuert, durch leichtes Anluven wird der Absprung vorbereitet. 2 Sobald der Kite Zug nach oben entwickelt, stößt sie sich mit dem Board vom Wasser ab und leitet sofort mit dem Kopf eine Vorwärtsrotation ein. Die Blickrichtung geht hierbei über die hintere Schulter. 3 Wenn die Rotation eingeleitet ist, lässt man die Drehbewegung nun über sich ergehen und winkelt am besten die Beine an, um diese Drehung noch zu beschleunigen. 5 Während man unter dem Kite hängt und weiter rotiert, darf man zum Board greifen, um dem Sprung noch eine besondere Note zu geben. Dies hat zudem den Vorteil, dass der Körper klein bleibt und die Rotation unterstützt wird. 6 Die Frontrotation ist nun eigentlich abgeschlossen. Um eine Blindlandung vorzubereiten, muss Kristin noch

WAS DU SCHON KANNST

Du kannst einwandfrei blind fahren und beherrschst Frontrotationen sicher.

WAS DU LERNST

Du wirst „blind" die rechtzeitige Unterbrechung der Rotation beherrschen lernen und den nicht ganz einfachen Belastungswechsel des Boards beim Blindfahren nach der Landung.

WAS DU WISSEN MUSST

Schwierig wird die Kitesteuerung. Zuviel Zug nach der Landung endet immer im Bach, weil dann die komplizierte Kräftebalance nicht stimmt. Du musst den Kite also sehr dosiert nach vorne lenken lernen.

eine halbe Umdrehung weiter rotieren. Um sich auf die Landung vorzubereiten und ihren Körper nicht zu verknoten, hat sie außerdem die hintere Hand von der Bar gelöst . 7 Der Körper kann nun schon komplett in die "verkehrte" Richtung gedreht werden – die Blindlandung wird eingeleitet. Sie fixiert nun den Landepunkt. Um die Rotation zu stoppen, macht sich der Körper steif. 8 Das Aufsetzen wird vorbereitet, indem man das Board unter den Körper und bereits leicht in Fahrtrichtung bringt. Das Körpergewicht wird stark auf den hinteren (den regulär vorderen) Fuß verlagert. Der Kite wird zur Vorbereitung der Landungsvorbereitung sanft in Fahrtrichtung gelenkt. 9 Verkehrt herum und blind landet man nun mit dem Rücken in Fahrtrichtung. Das Gewicht bleibt weiterhin auf dem in Fahrtrichtung hinteren Fuß, um ein Einspitzeln zu verhindern. Wichtig: Der Kite wird nun energischer nach vorn gelenkt, damit er Zug aufbauen kann.

RABSCHER

**Dieses Grabschen macht den Staatsanwalt nicht heiß:
Da rast bestenfalls das Publikum. Indies, Nose Grabs oder
Roast Beef sind stylische Kontrollen der Boardkante.**

■ Der einfachste Sprung ist zunächst der Tailgrab. Dabei springst du wie zum ganz normalen Sprung ab, ziehst dann aber die Knie extrem zur Brust, um wirklich gut die Boardkante mit der hinteren Hand greifen zu können. Während die vordere Hand den Kite schon wieder dosiert nach vorne lenkt, greift die hintere zum Heck des Boards. Pose so lange wie möglich halten. Zur Landung fliegt man den Kite wieder energischer nach vorne.
Sitzt der Tailgrab, versuche die Beine dabei zu strecken und die Hüfte gegen den Oberkörper zu verdrehen (tweaken). Als Alternative bietet sich auch jede andere Stelle an der Boardkante zum Grabben an.
Die gängigsten Varianten zum Tailgrab sind der
• Indy Grab (die Hand greift die Zehenkante zwischen den Beinen)
• Nose Grab (die Hand greift an der Nose)
• Roast Beef (die Hand greift vom Rücken her zwischen den Beinen an der Fersenkante).
Grabschen bekommt übrigens immer noch gute Noten vom Strand-Publikum.

Indy Grab

Beim Indy Grab greifst du an die Zehenkante zwischen den Beinen

Beim Nose Grab greifst Du an die Nose des Boards. Dabei musst du den Oberkörper gegen den Unterkörper verdrehen, um besser greifen zu können.

Die Mutter aller Grabs: Du greifst mit der Hand an das Heck des Boards

HAND & FUSS

Lieber ein Fuß weg als zwei Fuß drin: Der One footer ist der
Einstieg in die große Trickkiste. Der nächste Verwandte des One
footers ist der Grab – der Griff an die Boardkante.

■ Der Laie wundert sich: Wenn die Freestyler immer wieder an die Kante greifen, dann scheinen sie wenig Vertrauen in die Haltbarkeit ihrer Rails zu haben. Dem ahnungslosen Zuschauer sei aber gesagt: Brett ist ok, Style auch. Denn die Grabs kommen aus dem Snow/Skate/Wake-Boarder-Baukasten für stylische Tricks. Muss man machen heute, hilft nichts. Bleibt dir dabei noch die Zeit, um bis auf

1 Kristin kantet das Board an und versucht, vor dem Absprung soviel Druck wie möglich aufzubauen.

2 Der Absprung erfolgt explosiv aus den Beinen.

3 Die hintere Hand versucht, so schnell wie möglich die Backside-Kante des Boards zu finden und zu grabben. Der Oberkörper wird seitlich nach vorn „eingerollt", die Knie sind angewinkelt. So ist der Weg zum Board kürzer.

4 Sobald Kristin die Kante gegrabbt hat, zieht sie den hinteren Fuß aus der Schlaufe.

5 Den hinteren Fuß kann sie jetzt nach rechts, links, oben oder unten wegstrecken – jedenfalls so weit wie möglich vom Board weg und so gestreckt wie möglich (anfangs sind auch angewinkelte Knie erlaubt und versprechen schnellere Erfolgserlebnisse).

6 Es geht wieder in den Sinkflug. Jetzt muss Kristin den Fuß möglichst schnell wieder in die Fußschlaufen einfädeln. Richtet man den Oberkörper dabei etwas auf, fällt es einiges leichter den Fuß wieder zum Board zu bekommen. Knackpunkt: Die Kitesteuerung darf nicht vergessen werden. Die vordere Hand gibt nun einen stärkeren Lenkimpuls in Fahrtrichtung.

7 Die Landung sollte auf einem tiefen Raumwindkurs erfolgen.

drei zu zählen, dann wird es Zeit für den
One footer, der dich in die nächst höhere
Könnensstufe katapultiert.

Der One footer setzt den Grab zum Tail
voraus. Wer die Kante seines Boards nicht
erreicht, der wird die Fußschlaufe auch
nicht verlassen können, weil das Board
nicht von einem Punkt aus stabilisiert werden kann. Der Sprung sollte etwas höher
ausfallen, damit genügend Zeit bleibt für
die Grätsche, denn vor der Landung sollte
der Fuß wieder zu Hause sein.

Auch die Gelenkigkeit und die Bauchmus-
kulatur sollten Turner-Ausmaße haben. Und
schließlich setzt der One footer eine exzel-
lente Kitekontrolle voraus. Sonst hat der
Kite nicht Hand noch Foot.

$\mathcal{H}$ANDARBEIT

Board offs haben gegen die harte Konkurrenz der Airpasses ihren Kultstatus behauptet. Allerdings ist die Handle im Worldcup out. Board offs werden nur noch an der Rail gegriffen.

I Das Board wird extrem angekantet, um möglichst viel Druck aufzubauen. Der Kite wird dabei progressiv nach oben gelenkt, um möglichst wenig Geschwindigkeit zu verlieren. 2 Explosiv abspringen. Katapultiere dich so hoch es geht hinaus, denn für den Move brauchst du viel Airtime. 3 Nach dem Absprung den Oberkörper leicht entgegen der Fahrtrichtung legen, damit die hintere Hand das

Angehende Board-off-Piloten dürfen aber weiterhin den Griff benutzen. Es ist sogar sehr ratsam, die Moves erst mit Handle zu üben und dann erst auf die Rail umzusteigen, so machst du dir den Einstieg um einiges leichter.

Um genug Zeit für den Ausstieg in der Luft zu haben, brauchst du viel Airtime. Auf einem Fernflug kann man nun mal mehr an Board erledigen als auf einem Kurzflug.

Zum Abnehmen und Anstecken des Boards solltest du immer eine leicht seitliche Position mit deinem Körper einnehmen und die Knie – so weit es geht – anwinkeln. Nur so funktionieren Aus- und Einstieg schnell und ohne großen Kraftaufwand. Die Bar musst du mittig greifen, damit du ein unwillkürliches Versteuern des Schirms vermeidest.

Board mittig an der Toeside-Rail greifen und von die Füße ziehen kann. 4 Den Oberkörper horizontal in die Streckung bringen (Arm und Beine lang). 5 Zum Sinkflug den Körper wieder zusammen ziehen und Füße in die Schlaufen einfädeln. Die vordere Hand lenkt den Schirm bereits dosiert nach vorne.

*L*ASS DEN KITE LOOPEN

Man muss ja nicht immer alles selbst machen: Lass doch mal den Kite für dich loopen. Damit dich der Kreisel nicht nach Lee reißt, kannst du den Zug in eine elegante Halse investieren.

Das Über-druckventil ist die Halse

■ Einfache Kiteloops sind die Einstiegsdroge in Thrill-Tricks. Diese Kite-Kreisel kombinieren die Profis mit ziemlich abgefahrenen Sprüngen. Und Puristen behaupten gar, dass ein Kiteloop nur dann anerkannt werden dürfe, wenn der Rider im Sprung höher fliege als der Kite.

Dabei ist der Kiteloop kein kompliziertes Manöver. Schon Anfänger beherrschen den Rundflug – mit dem Übungskite am Strand. Wer den Drachen dabei durch die Powerzone rasen lässt, merkt allerdings: Der Kite entwickelt plötzlich ungeahnte Kräfte.

Kitelehrer Eddy Rummel zeigt hier eine Loop-Variante, die einen hohen Style-Faktor hat und den Über-Druck des rasenden Kites elegant abbaut: den Kiteloop mit

Halse. Im Augenblick des höchsten Drucks gibt der Fahrer dem brutalen Zug nach Lee nach, indem er die Kurve nach Lee zieht. Dabei erlebt der Kiter eine Beschleunigung wie auf dem Motorrad: „Da geht's doch sehr zügig in die Steilwandkurve", schnauft Eddy. Dieses Gefühl ist so schön, dass man gar nicht genug davon bekommt.

Damit die Loops schmerzfrei ablaufen, empfiehlt Eddy eine Prallschutzweste und einen etwas kleineren Kite. Überpower ist hier voll kontraproduktiv. Kleinere Kites sollte man dann auf „Langsam" oder „Schildkröte" trimmen (Backlines am vordersten Punkt aufhängen), damit sie nicht wie eine Wildsau durchs Windfenster räubern.

1 Eddy bereitet sich auf die Halse vor. Den Schirm steuert er vorsichtig/langsam Richtung Zenit, um beim Kiteloop einen nahezu vollen Kreisel zu fliegen. 2 Das Brett liegt schon plan für die folgende Fahrt nach Lee. 3 Den Schirm fliegt Eddy nun aus dem Zenit abwärts in die Powerzone. 4 Mitten in der Halse entwickelt der Kite nun seinen höchsten Druck. Weil Eddy in dieser Phase dem Kite praktisch keinen Widerstand entgegen setzt, sondern ihm sogar folgt, „verpufft" dieser Überdruck. Die Bar steht auf Depower-Stellung. 5 Wie am zunehmenden Spray abzulesen ist, setzt Eddy jetzt wieder die Kante, um die Halse zu vollenden. 6/7/8 Eddy fährt die Halse zu Ende, der Schirm hat den Dreiviertelkreis vollendet.

ROCK AROUND THE CLOCK

Loopen bis dir schwindlig wird: Der Kiteloop unhooked rockt dir das Adrenalin aus dem Körper. Die Variante ohne Haken eignet sich nur für Kiter, die bereits Loop- und Unhooked-Erfahrung besitzen.

■ Der Kiteloop ist eigentlich eine Mutprobe. Und nach dem Lenkeinschlag gibt es zudem kein Zurück mehr – wer den Move abbricht, während sich der Schirm der Powerzone nähert, der bricht sich vielleicht was. Zumindest tut ein Interruptus richtig weh. Deshalb raten Experten den Loop-Lehrlingen zu Helm und Prallschutzweste. Kann am Anfang nicht schaden.

Ein Kiteloop ist also noch keine fahrtechnische Raffinesse. Auf diesen Seiten zeigt der spanische Pro-Rider Alex Pagés eine Spezialität, die es in sich hat: einen Kiteloop, kombiniert mit einem Backloop – und das alles aus den Armen heraus – „unhooked" – geflogen. Das liegt im Schwierigkeitsgrad dann schon noch einige Eta-

gen über einem simplen Kite-Kreisel und ist deshalb nur wirklichen Könnern zu empfehlen.

Zur Pflichtausstattung gehört für jeden Looper – ob Experte oder Experimentierer – die Backleash. Diese Leash verhindert bei einem Kiteverlust, dass der Schirm abfliegt. Allerdings depowert diese Leash den Schirm nicht – wer Pech hat, hängt nach einem Sturz am Kite wie ein Zettel an einem Luftballon. Deshalb braucht man auf dem Trainingsplatz auch viel, sehr viel Platz nach Lee.

Auch viel Wind und Überpower sind kontraproduktiv – der Kite sollte nur so groß sein, dass man damit gerade noch Höhe laufen kann.

I Alex hat sich aus dem Depower-Loop ausgehakt und luvt zum Absprung extrem an, baut Spannung auf und lenkt den Kite mit der rechten Hand nach hinten. Die Hände greifen in der Mitte. 2 Mit extrem viel Spannung springt er ab. Der Kopf dreht über die vordere Schulter und leitet die Rückwärtsrotation ein. 3 Um richtig Zug während der Rotation zu bekommen, beginnt Alex den Kite sehr früh zu loopen. 4 Dadurch dreht der Kite tiefer in die Powerzone und verpasst ihm mehr Zug in der Horizontalen. Alex wird hier vom Kite regelrecht in der Horizontalen nach vorne weggerissen, während er weiter rotiert. 5 In der zweiten Hälfte der Rotation bringt er die Bar wieder näher zur Hüfte. Dadurch hat er mehr Kontrolle. 6 Kurz vor der Landung stoppt er seine Körperrotation. Der Kite ist gerade wieder in der Aufwärtsbewegung. 7+ 8 Bei der Landung muss er aufpassen, dass er nicht die Leinenspannung verliert. Ist die Fahrt wieder stabilisiert, hängt er sich wieder in den Depower-Loop ein.

I Alex lenkt den Kite zum Absprung von 11:30 Uhr auf 12:30 Uhr. 2 Unter extremer Leinenspannung poppt er sich aus dem Wasser. Er wartet einen kurzen Augenblick, bevor er die Backhand komplett durchzieht. 3 Der Kite dreht tief in die Powerzone hinein und entwickelt mehr horizontalen Zug. 4 Hier bekommt Alex während der Rotation den vollen horizontalen Schub ab. Wichtig: Nicht erschrecken, Körperspannung halten und Kite weiter durchziehen. 5 Im Landeanflug ist der Kite schon wieder auf dem Weg nach oben. 6 Alex landet auf einem tiefen Raumwindkurs, so kann er die noch wirkenden Kräfte des Kiteloops am besten kontrollieren.

*P*ASS(T)

Die Stange hinterm Rücken durchzureichen, das ist die Vorstufe zum Pro-Status. Frank zeigt uns hier den Handle pass auf dem Wasser, kombiniert mit einer schönen, ausgehakten Backroll.

■ Ein Handle pass ist so etwas wie das Ticket in die Profi-Clique: Im Worldcup hatten wie auf Kommando alle Rider fieberhaft die Stangen-Nummer trainiert, ein Jahr später gehörte der Handle pass zur Pflichtübung im Damen-Cup.

Die 360-Grad-Pirouette während der Bar-Übergabe hinterm Rücken ist in der Variante surface, also auf dem Wasser, die Volks-Hochschule.

Dieses Manöver ist sowohl aus Switch als auch aus Blind möglich. Frank zeigt uns hier eine elegante Variante aus der Switch-Position, die er durch eine unhooked Backroll to Switch einleitet. Zudem ist der 360-Grad-Surface-Handlepass die perfekte Vorübung für das aktuelle Königsmanöver im Kitesurfen, den Airpass. Dieser Airpass ist letztlich auch nichts anderes als ein Handle pass, der allerdings in der Luft ausgeführt wird.

Der Handle pass auf der Wasseroberfläche hat allerdings einen angenehmen Neben-Effekt – er ist nicht ganz so Schulter-mordend wie der Airpass. Also vorerst mal schön auf dem „Teppich" bleiben.

I - 4 Frank leitet den Handle pass mit einer unhooked Backroll in die Switch-Position ein. Natürlich würde an dieser Stelle auch ein Chop Hop oder eine Boarddrehung um 180 Grad diesen Zweck erfüllen, die aber sehen nicht so elegant aus. 5 - 6 Bei der Landung zieht er die Bar herunter und bringt sie eng an die Hüfte, um die Barübergabe vorzubereiten. 7 - 8 Dann lässt er die vordere (hier linke) Hand von der Bar los, beugt sich nach vorne, leitet durch Gewichtsbelastung auf dem in Fahrtrichtung gesehen vorderen Fuß die Board- und

WAS DU SCHON KANNST

Du kannst bereits sicher Switch und Blind fahren.
Ausgehängt fahren und Chop Hop unhooked stellen
für dich auch kein Problem dar. Das Umgreifen der
Bar hast du bereits an Land mit einer Simulator-Bar
geübt.

WAS DU LERNST

Du lernst nun, die Barübergabe hinterm Rücken mit
der gemeinsamen Körper-Board-Drehung zu syn-
chronisieren und genau zu timen, sowie den Kite
dabei exakt zu kontrollieren.

WAS DU WISSEN MUSST

Starte aus der Switch- oder Blind-Position, dann
musst du erst mal nur 180 Grad drehen bis zur normalen Fahrstellung. Übe lieber mit kleineren Schirmen, mit denen du eben noch Höhe laufen kannst.
Denke daran: die Bar zum Pass immer so eng wie
möglich an die Hüfte führen und so zentriert wie
möglich greifen, vor allem bei der Barübergabe!

Das Geheimnis des Handlepasses: Die Bar muss eng an der Hüfte übergeben werden.

damit auch die Körperdrehung ein und bringt die Bar eng an der Hüfte nach hinten. Die vormals vordere Hand greift jetzt hinterm
Rücken wieder an die Bar und übernimmt sie. Wichtig: Bar möglichst mittig greifen, um ein Verreißen des Schirms zu vermeiden. 9-10
Ist der Pass gelungen, lässt die hintere (rechte) Hand die Bar los. So kann Frank die Drehung bis in die erneute Switch-Position zu Ende
bringen. So schnell wie möglich sollte dann die zweite Hand wieder an die Bar greifen.

$\mathscr{A}$IRPASSION

Airpasses sind die angesagtesten Moves im Kampf um die Lufthoheit im Worldcup. Der Front Mobe ist eine von mehreren technisch sehr schwierigen Varianten (Mobius, KGB, Slim Chance) des Airpasses: Frontroll kombiniert mit Backside 360 Grad Handle pass.

1 Der Absprung erfolgt unhooked. Der Kite darf dabei nicht zu weit über den Zenit hinaus entgegen der Fahrtrichtung gelenkt werden. Alex versucht möglichst hoch hinaus zu springen und leitet die Frontrotation ein. 2 Den Absprungimpuls nutzt er, um sich an der Bar aufzuschwingen beim Hineingehen in die Frontrotation. 3 + 4 Das Wichtigste ist hierbei mit der Hüfte möglichst nah zur Bar zu kommen. Jetzt aber kommt das Schwierigste: Die Körperrotation zum Umgreifen an der Bar erfolgt entgegengesetzt der eigentlichen Rotationsrichtung der Frontroll. Dabei lässt die hin-

■ Der spanische Profi Alex Pagès gehört zu den oberen 100 Kitern auf der Welt, die den Airpass mit Schikanen beherrschen. Dem Laienauge bleibt dabei weitgehend verborgen, ob er einen Mobe, KGB oder einen Slim Chance zelebriert.

Wer zur Creme gehören will, der zeigt den Airpass inzwischen im Doppelpack (wie auf der DVD „Kitesurfing New School" zu besichtigen ist).

Dazu allerdings muss man so hoch springen, dass man in höhere Luftschichten eintaucht.

WAS DU SCHON KANNST

Du kannst sicher Backside 360 Grad Airpasses springen und hast sehr viel Erfahrungen mit Unhooked-Rotationssprüngen und Kiteloops.

WAS DU LERNST

Du lernst eine Unhooked-Frontroll mit einem Backside 360 Grad Airpass zu kombinieren.

WAS DU WISSEN MUSST

Benutze unbedingt zu Anfang einen schwach angepowerten Kite, eine Nummer kleiner als du normal verwenden würdest (Intermediate oder New School Kite). Um den Kite nicht zu verlieren, ist eine Backleash unentbehrlich. Die besten Bedingungen sind etwa fünf Beaufort, Side- bis Sideonshore Wind und Flachwasser.

tere Hand die Bar los und versucht hinterm Rücken die Bar erneut zu greifen. **5 + 6** Erfolgreich umgegriffen! Jetzt muss die andere (vordere) Hand schnell losgelassen werden. **7 + 8 + 9** Hat man die Bar erst einmal losgelassen, dann ist es wichtig das Körpergleichgewicht schnell wiederzufinden und gut festzuhalten, denn der Kite wird in den meisten Fällen direkt einmal durchloopen. Dennoch die zweite Hand so schnell wie möglich für eine bessere Kitekontrolle bei der Landung an die Bar nehmen.

*D*ie perfekte Kite-

Die gute Nachricht: Moderne Kites haben einen größeren Einsatzbereich. Die Folge: Kiter brauchen weniger Schirme. Früher waren drei bis vier Schirme nötig, um alle Windstärken nutzen zu können. Jetzt funktioniert zum Beispiel ein Takoon Scoop 3 mit 14,5 Quadratmetern zwischen drei und sechs Windstärken, ein Airush Lift 10 zwischen fünf und acht Beaufort. Two fits all.

■ Die Angaben in den Tabellen beziehen sich auf einen Kiter mittleren Fahrkönnens und mit 75 bis 80 Kilogramm Körpergewicht. Der Windbereich ist abhängig von Könnensstufe und Körpergewicht. Leichte Kiter und Anfänger sollten sich also eher im unteren Windbereich, schwere Kiter und/oder Fortgeschrittene eher im oberen Windbereich der Schirme orientieren. Außerdem spielen persönliche Vorlieben (zum Beispiel mit einem überpowerten Kite ständig am Limit zu fahren) und die Revierbedingungen (zum Beispiel bei böigem Wind) eine wichtige Rolle.

Die Windrange eines Schirmes ist natürlich auch abhängig vom Trimm: Man kann die Leinen auf Vollgas knüpfen oder aber auf halbe Kraft.
Die Angaben über die Windbereiche der Kites stammen von den Herstellern und sind mitunter etwas optimistisch. Ein persönlicher Test bei der jeweiligen Windstärke ist also ratsam. Vor allem im oberen Windbereich sind die Angaben mit Vorsicht zu genießen, wenn man Überpower nicht mag oder nicht beherrscht. Bei acht Beaufort kann ein Fehler mit einem zu großen Kite gefährlich werden.

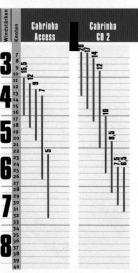

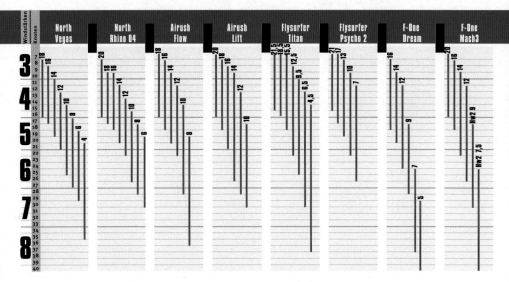

Palette

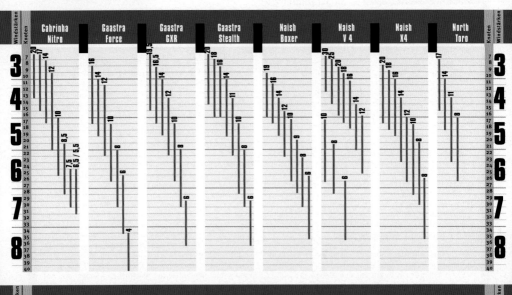

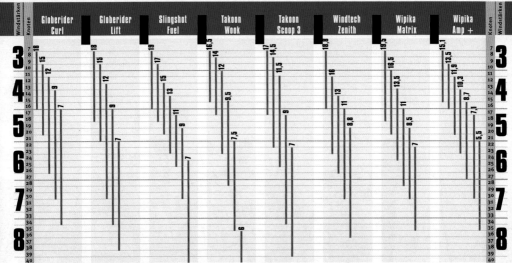

PARTNERWAHL

Dieser Boardselektor hilft Kitern jeder Könnensstufe bei der Suche nach dem idealen Board. Kurz ist übrigens nicht immer gut.

Die Entwicklung im Boardbereich geht rasend schnell. Vor einem Jahr galt ein 140er als kurzes Brett für Fortgeschrittene, jetzt wird dasselbe Brett als Aufsteigerboard verkauft.

KITE hat die Experten Tobias Perlak (Handmade), Sven Anton (Anton Kiteboards), Bernd Hiss (Carved), Christian May (Cabrinha) und Till Eberle (North Kiteboarding) gebeten, für jede der sechs Könnensstufen (Einteilung auf der nächsten Seite) das Idealbrett auszuwählen. Wir wollten wissen: wie lang und wie breit sollte ein Board für:

- 45 bis 60 Kilogramm
- 60 bis 80 Kilogramm
- über 80 Kilogramm schwere Kiter sein.

Die Experten überraschten mit neuen Trends. Till Eberle von North meint: "Die extrem kurzen Boards unter 115 Zentimeter halte ich für fragwürdig, da sie einen sehr kleinen Einsatzbereich haben. Selbst unsere Teamfahrer fahren wieder längere Boards, da sich ein 130er leichter landen läßt und fehlerverzeihender ist als ein 110er. Ab einer gewissen Länge wird aber die Breite viel wichtiger. Da machen zwei Zentimeter viel aus ."

Ähnlicher Meinung ist Christian May von Cabrinha: "Der Trend geht eindeutig zu Boards mit ungefähr 130 Zentimeter Länge." Der 80-Kilo-Mann bevorzugt für den heimischen Ammersee ein Board mit den Maßen 140 auf 37. "Auf Binnenseen mit böigen Bedingungen macht ein Board unter 140 Zentimeter meiner Meinung nach kaum einen Sinn."

Ganz anders dagegen die Experten an der Küste. Handmade-Shaper Tobias Perlak: "Die ganz kurzen Boards um 120 Zentimeter sind für gute Fahrer auf jeden Fall ein Vorteil, da die Kontrolle in der Luft und bei der Landung viel höher ist als bei längeren Boards. Durch fla-che Bodenkurven gleiten die kurzen Boards unwesentlich schlechter an als längere Boards. Auch die Kontrolle sehr großer Kites ist mit den kurzen Boards kein Problem."

Allerdings sollte man sich zu Beginn nicht überschätzen und mit einem zu kleinen Board anfangen. Perlak: "Für absolute Anfänger sind längere und breitere Boards, die Fahrfehler verzeihen, sehr wichtig. Wenn man jedoch schon etwas fahren kann, sollte man nicht zu spät auf ein kleineres Board wechseln, da der Schirm damit besser ausgebremst werden kann und bei stärkerem Wind die Kontrolle wesentlich besser ist."

Bernd Hiss von Carved auf Fehmarn ergänzt die Könnensstufenskala um zwei weitere Grade: die Stufe sieben für den Airpass und die Stufe acht für den Loaded Airpass. "Loaded Airpasses werden mit etwas kürzeren, aber deutlich breiteren Boards gefahren. Das Drehmoment muss erhöht werden, da sie normalerweise nicht so hoch gesprungen werden." Als Custom-Shaper möchte er aber keine allgemeinen Empfehlungen aussprechen. Man könne nie sagen, dass eine bestimmte Größe immer die richtige sei. "Es muss in jedem Fall die Bodenkurve dem Einsatzrevier angepasst werden. Es macht schließlich einen Unterschied, ob man zum Beispiel am Meer fährt oder auf Seen mit böigen Winden." Sven Anton vom Surfcenter Wustrow und Shaper von Anton Kiteboards verleiht in seiner Schule die großen Schulungsboards: "So erspart sich der Schüler den Kauf eines Riesenbrettes. In den ersten Tagen haben Einsteiger die größten Lernerfolge mit Boards um die 180 Zentimeter." Mit steigendem Fahrkönnen empfiehlt er aber ein kürzeres Board: "Ein kleineres Board hat eine kurze Kante, die bedeutend leichter ins Wasser zu drücken ist. Damit kann bei Bedarf der Kite ausgebremst werden. "

PM Marketing GmbH, Germany • Ph: 49 89 89511170 • Fax: 49 89 89511172 • e-mail: team@apm-marketing.de

TECHNICAL ADVANTAGE
www.airush.com

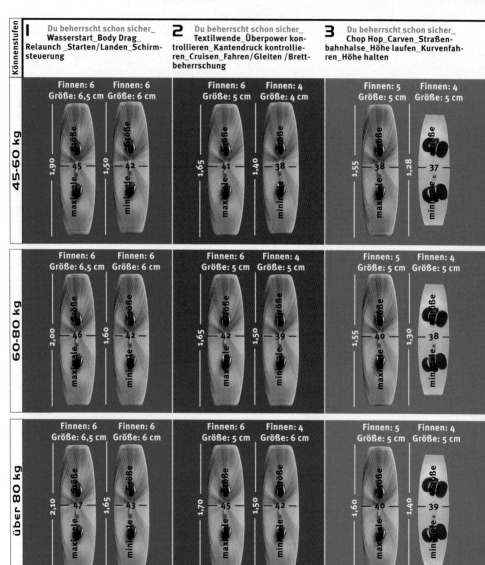

Könnenstufen	**I** Du beherrscht schon sicher_ Wasserstart_Body Drag_ Relaunch _Starten/Landen_Schirm-steuerung	**2** Du beherrscht schon sicher_ Textilwende_Überpower kontrollieren_Kantendruck kontrollieren_Cruisen_Fahren/Gleiten /Brett-beherrschung	**3** Du beherrscht schon sicher_ Chop Hop_Carven_Straßen-bahnhalse_Höhe laufen_Kurvenfahren_Höhe halten
45-60 kg	Finnen: 6 Größe: 6,5 cm — 45 — 1,90 maximale Größe / Finnen: 6 Größe: 6 cm — 42 — 1,50 minimale Größe	Finnen: 6 Größe: 5 cm — 41 — 1,65 maximale Größe / Finnen: 4 Größe: 4 cm — 38 — 1,40 minimale Größe	Finnen: 5 Größe: 5 cm — 38 — 1,55 maximale Größe / Finnen: 4 Größe: 5 cm — 37 — 1,28 minimale Größe
60-80 kg	Finnen: 6 Größe: 6,5 cm — 46 — 2,00 maximale Größe / Finnen: 6 Größe: 6 cm — 42 — 1,60 minimale Größe	Finnen: 6 Größe: 5 cm — 42 — 1,65 maximale Größe / Finnen: 4 Größe: 5 cm — 39 — 1,50 minimale Größe	Finnen: 5 Größe: 5 cm — 40 — 1,55 maximale Größe / Finnen: 4 Größe: 5 cm — 38 — 1,30 minimale Größe
über 80 kg	Finnen: 6 Größe: 6,5 cm — 47 — 2,10 maximale Größe / Finnen: 6 Größe: 6 cm — 43 — 1,65 minimale Größe	Finnen: 6 Größe: 5 cm — 45 — 1,70 maximale Größe / Finnen: 4 Größe: 6 cm — 42 — 1,50 minimale Größe	Finnen: 5 Größe: 5 cm — 40 — 1,60 maximale Größe / Finnen: 4 Größe: 5 cm — 39 — 1,40 minimale Größe

IDEALBOARD

4 Du beherrscht schon sicher_ Backloop_ Inverted Jumps/Stiffi_Halse mit 180er nachher_Halse mit 180er vorher_ Switch-Fahren_ Springen mit Schirmunterstützung

5 Du beherrscht schon sicher_ One foot-Jumps_Sprünge aus Switch/ Landung in Switch_Mehrfachrotationen_Transitionsprünge _Frontloop_Sprünge mit Grabs_Table Top

6 Du beherrscht schon sicher_ Handlepass / Airpass_Sprünge mit Kiteloop _Loaded Jumps/Railey_ Unhooked Moves_Transition & Varianten_Blind & Varianten_Board Offs

Spalte 4

	Finnen: 4 / Größe: 4 cm (maximale Größe)	Finnen: 4 / Größe: 5 cm (minimale Größe)
Reihe 1	1,41 — 38	1,21 — 36
Reihe 2	1,45 — 38	1,28 — 38
Reihe 3	1,47 — 40	1,28 — 38

(Reihe 2 und 3 links: Finnen: 4 / Größe: 5 cm)

Spalte 5

	Finnen: 4 / Größe: 4 cm (maximale Größe)	Finnen: 4 / Größe: 5 cm (minimale Größe)
Reihe 1	1,25 — 37	1,21 — 36
Reihe 2	1,35 — 37	1,21 — 36
Reihe 3	1,35 — 38	1,21 — 36

(Reihe 2 und 3 links: Finnen: 4 / Größe: 5 cm)

Spalte 6

	Finnen: 4 / Größe: 4 cm (maximale Größe)	Finnen: 4 / Größe: 3 cm (minimale Größe)
Reihe 1	1,25 — 34	1,18 — 36
Reihe 2	1,25 — 36	1,18 — 36
Reihe 3	1,25 — 38	1,21 — 36

(Reihe 2 links: Finnen: 4 / Größe: 4 cm; Reihe 2 rechts und Reihe 3: Finnen: 4 / Größe: 5 cm)

ZEHN GEBOTE

Kiten ist so sicher wie Rad fahren, wenn man diese zehn Regeln streng befolgt.

Fünf Dinge, die du nie machen solltest

1. Niemals den Schirm bei auflandigem Wind an Land starten, wenn Hindernisse wie Buhnen, Steine, Bäume, Zäune, Mauern, Häuser oder ähnliches in Lee stehen.

2. Niemals ohne Sicherungsboot bei ablandigem Wind aufs Wasser gehen. Suche besser parallel zum Ufer wehenden Sideshore-Wind.

3. Niemals den Kite von einem Helfer launchen lassen, der vorher nicht explizit eingewiesen worden ist oder zu unerfahren wirkt.

4. Niemals den Kite über Personen fliegen oder starten, die sich im Flugradius des Schirmes bewegen. Meide Badegebiete und halte ausgewiesene Kitezonen ein.

5. Niemals mit einem völlig überpowerten Kite aufs Wasser gehen. Du musst mit dem Kite im Zenit noch rückwärts gehen können.

Die Lebensversicherung: das Sicherungsboot

Niemals in der Nähe von Hindernissen Kite starten. In diesem Haus gibt's bereits ein großes Loch.

Fünf Dinge, die du immer beachten musst

1. Vor dem ersten Start unbedingt eine gute Kitesurf-Schule besuchen.

2. Immer nur mit funktionierendem Quickrelease (Notauslöser) an allen festen Verbindungen zum Kite aufs Wasser gehen und eine Safety-Leash benutzen.

3. Vor jedem Start in einem neuen Revier Informationen von einer Schule oder Locals einholen. Auch Wind- und Wettercheck nicht vergessen. Checke dein Material stets auf Zustand und Funktion.

4. Bei Benutzung einer Boardleash Helm und Prallschutzweste tragen.

5. Kite nie allein und sorge dafür, dass du unter Beobachtung stehst für den Fall, dass du mal Hilfe brauchst.

CAUTION!
SANTA CRUZ

New Segmented Reduced Diameter Leading Edge

3D Strut to Leading Edge Interface Technology

Computer Aided Leading Edge Foil

Progressive Aspect Ratios

Wingtip Resque Handles

Rhino Skin used on all abrasion sensitive areas

6 cm 2 ply Tapered Trailing Edge

many other features

High Flow Struts

Wingtip Torque Converter

Come and Fly to New Dimensions !
„CAUTION" Santa Cruz

Die Australischen Kiteboards jetzt wieder in Deutschland

Internal engineering

SRS (Sacrificial Rail System) (patent Pending)

In-line or "duck" foot strap position

Rounded Rails

Dakine Control Contour Footstraps and pads

Händleranfragen Willkommen

KITEPLANET
lkenweg 10 - 86156 Augsburg
: 0821/24650990 - Fax:0821/4530504
ail: info@kiteplanet.de - www.kiteplanet.de

*R*ÜCKSICHT HAT VORFAHRT

Die Vorfahrtsregeln sind ganz einfach. Der rote Schirm auf diesen Seiten muss immer ausweichen. Wichtig: Kite vor der Begegnung demonstrativ hoch oder tief fliegen, damit es keine Verwicklungen gibt.

■ Drei Kiter verstopfen einen Spot so gründlich wie drei Wohnwagen-Gespanne die Autobahn, behaupten andere Wassersportler. Stimmt gar nicht. In der Luft ist viel Platz, man muss die verschiedenen Etagen nur sinnvoll nutzen. Wer ausweichen muss, der fliegt seinen Kite oben, wer Kurs halten darf, bewegt seinen Kite in der unteren Luft-Etage. Anders beim Überholen in Lee. Dort muss der langsamere Kiter seinen Schirm hoch fliegen, sonst gibt's Leinensalat. Falls sich zwei Kites verwickeln, sollten die Kontrahenten die Kites in den Zenit steuern und einer um den anderen herum schwimmen. Wenn Kiter anderen Fahrzeugen begegnen, dann müssen sie auf dem Meer immer ausweichen. Auf Binnenseen geht man im Begegnungsverkehr mit Seglern und Kitern davon aus, dass beide die Regeln kennen: • Lee vor Luv • Backbordbug vor Steuerbordbug und • Überholer muss sich frei halten. Wenn's dann doch eng werden sollte, leiten Kiter das Manöver des letzten Augenblicks ein: Kite sofort in den Zenit lenken und Hintern ins Wasser. Damit bist du manövrierunfähig und gibst deinem „Gegner" die Chance, richtig auszuweichen.

Überholer fliegt hoch

Überholen ist kommunikativ und psychologisch schwierig. Eigentlich muss sich der Überholer freihalten und höflicherweise in Lee überholen. Beim Kiten ist das riskanter, wenn der langsame Kiter unsicher wirkt. Deshalb sollte der Überholer den Schirm hoch fliegen, der Überholte fliegt ihn nach unten (was dann schon mal die Speed-Differenz wieder aufheben kann). Überholt der Schnellere deshalb in Lee, fliegt der Überholer tief, der langsamere höher. So zieht der Überholer schnell aus der Gefahrenzone.

Lee vor Luv

Diese Regel ist die einfachste Begegnungs-Vorschrift: Wer sich von Luv nähert, muss sich um den Kiter in Lee irgendwie herummogeln. Hier zieht der rote Kiter etwas Höhe, fliegt den Kite höher und fällt nach der Begegnung einfach nach Lee ab. Wenn er sicher ist, dass der andere Fahrer keinen Unfug macht, kann er auch vorher nach Lee abbiegen und dabei den Kite tiefer fliegen.

Backbord vor Steuerbord

Die Kitefarben zeigen bei dieser Begegnung an, wer Vorfahrt hat: Der grüne Kiter hat die rechte Hand vorne und fliegt den Kite in der unteren Luft-Zone (tiefer als 45 Grad). Der rote Fahrer weicht aus und fliegt den Kite im oberen Luftsektor (höher als 45 Grad).

Lexikon: Kiteaufbau

Von Aufbau bis Zenit: Dieses Lexikon führt durch wichtigsten Fachbegriffe beim Kiten

Aufbau

Alles fängt mit A wie Aufbau an. Mit A wie „alles ok". Oder mit A wie Angst und Ausfall. Denn das Anknüpfen der Leinen ist für die Kiter fast so wichtig wie das Packen eines Fallschirms für den Springer. Wer hier Fehler macht, wird hart bestraft.

Wenn du die Steuer- und Depowerleinen an den Anknüpfpunkten vertauschst, buchst du das Ticket zur Hölle. Deshalb beim Aufbau lieber dreimal die Leinen abgehen, die Depowerleinen (vorne) und die Steuerleinen (hinten) selbst anknüpfen (niemals andere machen lassen) und dann vor dem Start noch einmal kontrollieren, bevor man dem Starthelfer das Signal zum Loslassen des Kites gibt.

Der Grund ist einleuchtend: Zum Steuern braucht man Hebelkräfte, also Abstand zwischen der linken und der rechten Leine. Deshalb sind die Steuerleinen an der Bar außen angebracht. Wenn man die Depowerleinen, die vorne an den Kite-Ohren angeknüpft werden sollten, als Steuerleinen (miss)braucht, passiert Unverhersehbares: Knüpft man nur eine Seite falsch, macht der Kite oft einen Loop, fliegt durch die Powerzone und schmettert den Piloten bestenfalls ins Wasser, schlimmenfalls gegen ein Hindernis. Knüpft man beide Seiten falsch, fliegt der Kite ebenfalls Amok. Der Grund ist klar: Die Depowerleinen taugen als Steuerleinen nicht, weil sie sich vor der Bar in einem V vereinen und in die Centerline münden. Mit einer Leine kann man aber weder ein Pferd lenken noch einen Kite steuern, weil keine Hebelwirkung entstehen kann.

I Liegen Bar und Leinen in Luv des Schirms, Bar richtig herum auslegen (rot links). 2 In Lee vom Schirm ist Rot rechts.

I Frank kämmt und sortiert die Leinen: Depower-Lines innen, Steuerleinen außen 2 Hilfreich, wenn die Bar dabei mit dem Board fixiert wird, um die Leinen unter Spannung zu bekommen. 3 Angenehm: Dank der Pumpleine kann man beidhändig pumpen 4 Zuerst wurden die Quertubes (Struts) prall augepumpt, dann wird die Fronttube satt gefüllt. Wer Luft spart, wird Frust ernten.

I/2 Leinen richtig anknüpfen: Zuerst die inneren, also die Depowerleinen vorne, dann äußere (Steuer)Leinen hinten anknüpfen 3 Nie andere anknüpfen lassen, alles selber machen und anschließend noch einmal die Leinen abgehen. Nie fremden Schirm vom Strand ohne Check übernehmen.

Richtig geknüpft

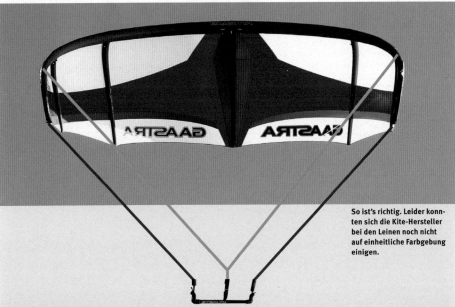

So ist's richtig. Leider konnten sich die Kite-Hersteller bei den Leinen noch nicht auf einheitliche Farbgebung einigen.

Falsch verbunden

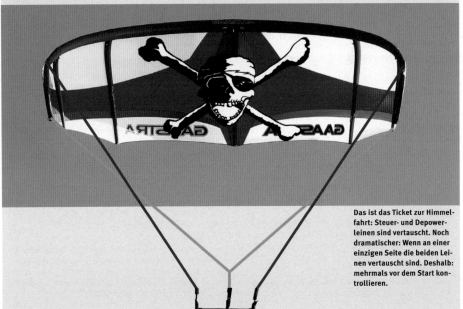

Das ist das Ticket zur Himmelfahrt: Steuer- und Depowerleinen sind vertauscht. Noch dramatischer: Wenn an einer einzigen Seite die beiden Leinen vertauscht sind. Deshalb: mehrmals vor dem Start kontrollieren.

Von Ablandig bis Zenit: Dieses Lexikon führt durch wichtigsten Fachbegriffe beim Kiten

Ablandig
Wind weht vom Land aufs Wasser. Diese Windrichtung kann gefährlich werden, da man vom Kite immer aufs Meer hinaus gezogen wird. Windrichtung zum Kiten möglichst meiden.

Air Kryp
Air Raley to Switch

Air Pass
Handlepass in der Luft.

Air Raley
Einsteiger Wakeboardsprung ‚loaded', oft ausgehakt, bei dem das Board in nach hinten überstreckter Körperhaltung (Hohlkreuz) über Kopfhöhe gebracht wird.

Airtime
So wird die Zeit in der Luft während eines Sprunges genannt.

Adjuster
Auch ‚Vortrimmer' genannt. Ist eine Konstruktion an der Trimmleine (Depowerline), von der die Frontlines (Mittelleinen) abgehen, die es dem Kiter erlaubt, den Depowerweg bzw. den Anstellwinkel des Kites zum Wind zu verändern.

Amwindkurs
Kurssektor zwischen Halbwindkurs und einem Kurs bis ca. 45° an den Wind.

Auflandig
Wind weht vom Wasser aufs Land. Diese Windrichtung kann gefährlich werden, da man schnell vom Kite übers Land gezogen werden kann. Besondere Vorsicht hierbei beim Starten und Landen. Beim Fahren großen Sicherheitsabstand zum Land lassen.

Ausgelegte Fläche
Beschreibt die Quadratmeterzahl des Kites in ausgelegtem Zustand.

AR, Aspect Ratio
Beschreibt das Verhältnis der Länge zur Höhe des Kites.

Backflip, -loop, -roll
Sprung, bei der die Führungsschulter die Rückwärtsrotation Richtung Luv anzeigt, der Kopf nach unten geht und die Füße mit dem Board mindestens Kopfhöhe erreichen.

Back-Leash
Leash zwischen rückwärtigem Trapez-Haltegriff und Chicken-Loop. Verhindert das Verlieren des Kites beim Üben von Handlepasses und Airpasses. Depowert den Kite nicht.

Backlines
Steuerleinen. Werden an den beiden seitlichen Enden der Abströmkante befestigt. Das jeweils andere Ende der Leine ist auf der gleichen Seite an der Bar montiert.

Backspin
Rückwärtsrotation in Fahrtrichtung, bei der das Board unterhalb der Kopfhöhe bleibt.

Backstall
Der Kite kippt nach hinten, die Luftströmung reißt ab und der Kite fällt aufs Wasser. Man kann einem drohenden Backstall durch Depowern entgegenwirken.

Bar
Auch: Controlbar oder Lenkstange. Der Steuerknüppel des Kitepiloten.

Beaufort Skala
Ein System, welches dazu dient, die Windstärke anhand optischer Eindrücke der Umgebung einzuschätzen (z.B. Wellen, Rauch, etc.). Die Skala reicht von o = Windstille bis 12 = Orkan.

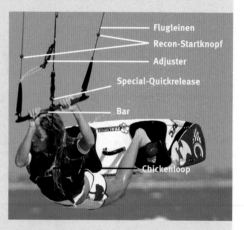

Flugleinen
Recon-Startknopf
Adjuster
Special-Quickrelease
Bar
Chickenloop

Beginner Kite
Erkennbar durch würfelartige Form (niedriger AR). Lässt sich extrem leicht relaunchen.

Bidi
Bi-Directional: symmetrisches Kiteboard, welches sich in beide Richtungen fahren lässt. Die Boardlängen sind zwischen 90-180 cm.

Bladder
Innenschläuche. Die aufblasbaren Weichgummi-Innenschläuche, von denen nach außen hin nur das Ventil sichtbar ist, stecken in den Struts. Wie bei einem Fahrradreifen – ein Mantel (Struts) außen und darin ein luftgefüllter Schlauch (Bladder).

Lernspot Nr. 1
Djerba
mit 40 qkm
Stehbereich
beim Sté Les Dauphins
Adventure Team

Beratung
&
Buchung

Tel. 089·6281670
Fax 089·62816710
info@kitereisen.com
www.kitereisen.com
oder direkt bei
info@les-dauphins.de

Blind
Fahrposition mit dem Rücken zum Kite. Aus der ‚normalen' Fahrposition kommt man in die Blind Position durch eine 180° Boarddrehung um die vertikale Boardachse über die Luvseite.

Boardleash
Sicherungsleine gegen das Verlieren des Boards. Benutzen der Boardleash birgt Unfallgefahren, man sollte deshalb Helm tragen.

Board off
Sprung bei dem beide Füße aus den Schlaufen gezogen werden und das Board solange an der Handle oder an der Rail gehalten wird.

Board pass
Board off Jump, bei dem das Board hinter dem Rücken einmal herumgegeben wird, bevor es wieder an die Füße kommt.

Board spin
Rotation des Boards, um die Board-Längsachse. Gegriffen wird dabei von Rail zu Rail oder von Rail zu Handle.

Body Drag
Man lässt sich auf dem Bauch liegend hinter dem Kite über das Wasser ziehen. Dabei sind verschiedene Kurse möglich. Könner schaffen es sogar, sich schräg gegen den Wind ziehen zu lassen.

Bridles
Die Leinen, die direkt am Kite hängen. An ihnen werden die Flugleinen befestigt.

Carven
Kurven fahren mit (extremer) Kantenbelastung, so dass das Wasser mächtig spritzt.

Chicken Loop
Die Schlaufe am Ende der ‚Depowerline'. Sie wird am Trapezhaken eingehängt und kann bei Bedarf fixiert werden.

Coniption
Bei diesem Sprung werden die Schienenbeine beim Zusammenrollen des Körpers bis unter die Controlbar gebracht.

Controlbar
Lenkstange, um den Kite zu lenken. An ihr sind die Leinen befestigt.

Deadman
Kiter streckt Füße Richtung Himmel (Board berührt die Leinen) und Oberkörper und Kopf hängen Richtung Wasser (‚Inverted') ohne Hände an der Controlbar.

Directional
Kiteboard mit Bug, Heck und großen Finnen. Es ähnelt einem Wellenreitboard bzw. einem Windsurfboard. In der Regel besitzt es drei Schlaufen in V-förmiger Anordnung. Es gibt sie in Längen zwischen 150-230 cm. Die ersten Kiteboards waren Directionals.

Depower Lines
Die beiden mittleren Flugleinen (auch: Frontlines), die in einer Leine zusammenlaufen an deren Ende sich der Chicken- oder auch Depower-Loop befindet.

Depowern
Den Anstellwinkel des Kites zum Wind flacher stellen, indem die Bar vom Körper weggedrückt wird.

Downwind
Wind abgewandt – die Richtung in die der Wind weht; mit dem Wind.

Edge
Das Board auf der Kante fahren.

Frontlines
Mittelleinen, die beim Kite an der Fronttube befestigt werden und am anderen Ende in der Depowerleine zusammen laufen.

Frontflip, -loop, -roll
Sprung, bei der die Führungsschulter die Vorwärtsrotation Richtung Lee anzeigt, der Kopf nach unten geht und die Füße mit dem Board mindestens Kopfhöhe erreichen.

Frontspin
Vorwärtsrotation in Fahrtrichtung, bei der das Board unterhalb der Kopfhöhe bleibt.

Frontstall
Strömungsabriss: Kite überfliegt den Piloten bzw. fliegt aus dem Windfenster heraus. Die Luftströmung reißt ab und der Kite stürzt ab.

Fronttube
Vordere Anströmkante des Kites. Der Schlauch, der dem Tubekite sein Profil gibt.

Grab
Griff zum Board während eines Sprunges.

Halbwindkurs
Kurs, der genau quer zur Windrichtung verläuft.

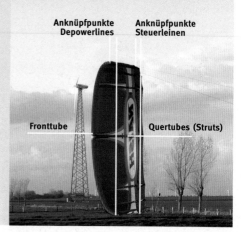

Anknüpfpunkte Depowerlines   Anknüpfpunkte Steuerleinen

Fronttube   Quertubes (Struts)

Halse
Richtungswechsel, bei dem der Bug mit dem Wind dreht.

Handle
Haltegriff in der Mitte des Boards. Nicht nur gut für Tricks, sondern auch für den Transport.

Handlepass
Die Controlbar hinter dem Rücken von einer in die andere Hand übergeben bei gleichzeitiger Körper- und Boarddrehung.

Hangtime
Die Zeit in der Luft während eines Sprunges.

Harness
Trapez. Über eine Hakenkonstruktion wird der Kite mit dem Trapez verbunden, so dass man den Kite nicht mit den Armen halten muss, sondern sein Körpergewicht dazu einsetzt.

Heartattack
Board-off-Sprung, bei dem die Beine senkrecht Richtung Himmel (parallel zu den Leinen) in der Luft weggestreckt werden. Das Board wird an der Handle oder am Rail mit gestrecktem Arm gehalten.

Hochleister
Kite mit einem hohen AR: sehr gestreckte Form für höhere Leistung und Performance.

Höhelaufen
Hart am Wind (bis zu einem Winkel von ca. 45°) fahren, um zu einem Ziel in Luv zu gelangen.

Indy
Die hintere Hand greift die Zehen-Kante des Boards zwischen den Füßen.

Inflatable Kite
Tubekite: Aufblasbarer Schlauchschirm/ Luftbefüllter Kite. Ein Kite mit einem Gerüst aus luftgefüllten Schläuchen. Er schwimmt auf dem Wasser und ist leicht aus dem Wasser zu starten.

Intermediate
Kites mit einem sehr guten Leistungspotenzial, aber einem einfacheren Handling als ein Hochleister.

Judo Air
Sprung, bei dem ein Fuß aus der Schlaufe gezogen wird und das Bein dann gerade weggestreckt wird.

KGB
Backroll kombiniert mit einem Backside 360° Handlepass.

Knoten
Engl.: Knots. Beim Kiten eine Maßeinheit für die Windgeschwindigkeit. 1 Knoten = 1,85 km/h.

Launch(ing)
Start des Kites mit Helfer. Self-Launching = Selbststart – Eine Technik zum Starten des Kites ohne fremde Hilfe.

Lee
Von einem festen Bezugspunkt aus gesehen die Seite, die vom Wind weg zeigt. Die windabgewandte Seite vom Kitepiloten aus betrachtet.

Leash
Siehe Boardleash und Safetyleash.

Lift
Als Lift wird der Vorgang vom Absprung bis zum höchsten Punkt des Sprunges bezeichnet.

Loaded
Durch extremes Ankanten des Boards stark aufgebaute Spannung in den Leinen.

Luv
Von einem festen Bezugspunkt aus gesehen die Seite, die zum Wind hin zeigt. Die windzugewandte Seite vom Kitepiloten aus betrachtet.

Mobius
Backroll kombiniert mit einem Frontside 360° Handlepass.

Move
Manöver

Mute
Die vordere Hand greift die Boardrail auf der Zehen-Kante in Höhe des vorderen Fußes.

Neutrale Position
Beschreibt einen Ort im Windfenster, wo der Kite die geringste Kraft entfaltet. Dieser Ort ist direkt über dem Kiter im sogenannten Zenit.

Neutrale Zone
Sie liegt direkt neben dem Zenit beidseitig entlang des Windfensterrandes. Hier entwickelt der Kite die geringste Kraft und stellt eine relativ sichere Zone für den Kiter da.

IMPRESSUM

Kitesurfing
New School
Gerd Kloos/Jörn Kappenstein
Ein Special von KITE Magazin
1. Auflage
Alle Fotos: © Gerd Kloos
ISBN 3-937061-01-0
© by Boarder vision GmbH

Grafische Gestaltung
Gudrun Stachowitz
Renate Gick

Umschlaggestaltung
Okinawa69

Verlag: Boarder Vision
Starnberger Straße 14
82346 Andechs
Tel. 08152/99903
Fax: 08152/999059
redaktion@kitemagazin.de

Vertrieb
Partner Pressevertrieb GmbH
70597 Stuttgart
Tel: 0711/7252211

Reproduktion
Backside Media
Thann-Matzbacher-Str. 11
84435 Lengdorf

Druck
Erdl Druck Medien
83308 Trostberg

DVD New School
© by Gerd Kloos & Boarder vision GmbH, Andechs
Der Dank für besondere Unterstützung gilt:

• **Media & More**
  50858 Köln
• **Harby vom Kiteboardingclub El Gouna**

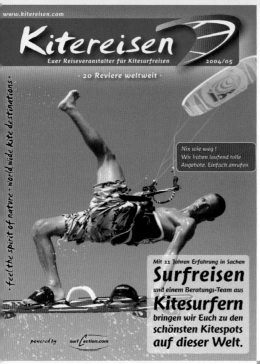

Nic Nac
Judo Air bei dem das Bein einmal oberhalb und einmal unterhalb des Boards gestreckt wird.

No Foot
Auch: Board-off-Sprung, bei dem das Board kurzzeitig komplett von den Füßen genommen wird.

Nose
Als Nose wird immer das in Fahrtrichtung nach vorne zeigende Ende eines Twintip-Boards bezeichnet oder der Bug eines Directional-Boards.

Off the wind
Vorwindkurs

Off-Shore
Wind weht vom Land aufs Wasser. Diese Windrichtung kann gefährlich werden, da man vom Kite immer aufs Meer hinaus gezogen wird. Windrichtung zum Kiten möglichst meiden.

On-Shore
Siehe unten

One Foot
Sprung, bei dem kurzzeitig ein Fuß aus der Schlaufe genommen wird. Das Board wird solange an der Rail gehalten.

On-Shore
Wind weht vom Wasser aufs Land. Diese Windrichtung kann gefährlich werden, da man schnell vom Kite übers Land gezogen werden kann. Besondere Vorsicht hierbei beim Starten und Landen. Beim Fahren großen Sicherheitsabstand zum Land lassen.

Overpowered
Überpowert. Eine Situation, in der ein Kitepilot mit einem Kite unterwegs ist, der für sein Können, sein Gewicht, seine Kraft und die gerade herrschenden Bedingungen zu groß ist.

Pads
Weiche Abpolsterung für die Füße.

Powerzone
Diese Zone befindet sich etwas tiefer im Windfenster und stellt den Flugbereich des Kites dar, in dem er den stärksten Zug entwickelt.

Projizierte Fläche
Die Fläche des Kites, die für den Auftrieb verantwortlich ist. Bei Tubekites ist diese deutlich kleiner als die ausgelegte Fläche.

Quertube
Querschläuche eines Tubekites, die das Profil stabilisieren.

Quick Release
Notauslöser, um feste Verbindungen zum Kite in Notsituation schnell zu lösen.

Rail
Die Kante des Boards.

Relaunch
Technik, um den Kite wieder alleine aus dem Wasser

starten zu können.

S-Bend
Air Raley kombiniert mit einer Vorwärtsrotation.

Safety-Leash
Sicherheitsleine zwischen Kite und Pilot, damit der Kite in Gefahrensituationen losgelassen werden kann, aber trotzdem keinen gefährdet.

Scissor
Kurzzeitiges Vertwisten des Körpers in eine 180° Vorwärtsrotation und wieder zurück ('Rewind') während eines Sprunges.

Shape
Geometrie eines Boards, Stärke der Taillierung.

Sideonshore
Wind, der schräg auflandig weht. Beim Starten und Landen in Ufernähe ist Vorsicht geboten.

Sideoffshore
Wind, der schräg ablandig weht. Auch hier ist wie bei ablandigem Wind Vorsicht geboten, da der Kite immer aufs Meer hinaus zieht.

Sideshore
Wind, der parallel zum Ufer weht. Idealer Wind zum Kiten.

Centerline (führt zu Depowerlines)

Safetyleash

Quickrelease

Chickenloop

Sinus-Bögen
Bei wenig Wind muss man den Kite kontinuierlich rauf und runter fliegen. Bei der Vorwärtsbewegung zeichnen sich dann Sinus-Wellen in den Himmel.

Slim-Chance
Frontloop inverted mit 360° Handlepass.

Softkite
Zellschirm. Auch Matte genannt. Profil ergibt sich durch Staudruck innerhalb der einzelnen Zellen.

Softzone
Flugbereich des Kites, in dem er mäßigen Zug entwickelt.

Stall
Ein Strömungsabriss, der Kite kippt und fällt vom Himmel.

Struts
Luftkammertaschen. In diesen röhrenförmigen Taschen stecken die aufblasbaren Schläuche (Bladder), die dem Kite sein Profil geben.

Superman
Board off Sprung, bei dem der Körper waagerecht zur Wasseroberfläche komplett gestreckt wird. Das Board wird an der Handle oder an einer Kante gehalten.

Surface Pass
Handlepass bei Gleitfahrt auf dem Wasser mit Boarddrehung um die vertikale Achse aus ‚normaler' Fahrposition (360°) oder aus Switch (180°).

Switch Jump
Sprung aus der Switch-Stance Position.

Switch Stance
Verkehrt herum fahren; dabei zeigen die Zehen zur Luvseite. Aus der ‚normalen' Fahrposition kommt man in die Switch-Stance Position durch 180° Boarddrehung um die vertikale Boardachse über die Leeseite.

Table Top
Die Board-Unterseite zeigt bei diesem Sprung nach oben. Das Board befindet sich dabei über Kopfhöhe und der Körper ist vertwistet.

Tail
Als Tail wird immer das in Fahrtrichtung nach hinten

zeigende Ende eines Twintip-Boards bezeichnet oder das Heck eines Directional-Boards.

Tantrum
Einhändiger Vulcan.

Tip
Die beiden Flügelenden des Kites werden als Tip bezeichnet.

To blind
Positionswechsel durch eine 180° Boarddrehung über die Luvseite um die vertikale Boardachse in die Blind Position.

To switch
Positionswechsel durch eine 180° Boarddrehung über die Leeseite um die vertikale Boardachse in die Switch-Stance-Position.

Transition Jump
Alle Sprünge, die einen Richtungswechsel beinhalten.

Transition
Richtungswechsel.

Tubekite
Schlauchschirm. Ein Kite mit einem Gerüst aus luftgefüllten Schläuchen. Er schwimmt auf dem Wasser und ist leicht aus dem Wasser zu starten.

Twintip
Symmetrisches Board. Man kann es in beide Richtungen fahren. Die Längen dieser Boards liegen zwischen 90-180 cm.

Unhooked
Der Kiter ist mit dem Loop nicht im Trapez eingehakt. Er hält den Kite nur mit der Kraft seiner Arme.

Underpowered
Unterpowert. Eine Situation, in der ein Kitepilot mit einem Kite fährt, der für sein Können, sein Gewicht, seine Kraft und die gerade herrschenden Bedingungen zu klein ist und zu wenig Power besitzt.

Upwind
Windzugewandt - die Richtung aus der der Wind weht. Gegen den Wind.

Varial
Board off Jump, bei dem das Board an den Heckfinnen genommen, um 360° rotiert und am Rail oder der Handle wieder aufgefangen wird.

Wasserstart
Mit gezieltem Abstürzen des Kites aus dem Wasser starten.

Windfenster
Flugbereich des Kites.

Windfensterrand
Flugbereich des Kites, in dem er den geringsten Zug entwickelt und sich am besten kontrollieren lässt.

Windrange
Der Windbereich, in dem ein Kite geflogen werden kann.

Zenit
Höchster (neutraler) Punkt am Windfensterrand.

Tail   Finnen   Pad   Fußschlaufen   Rail

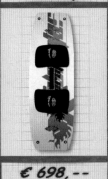
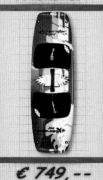